大人のための、スタイリッシュデザイン30

エコアンダリヤの
帽子＆かごバッグ

30 designs of bag and hat

CONTENTS

01 HAT 3
02 BAG 4
03 HAT 6
04 BAG 7
05 BAG 8
06 BAG 9
07 HAT 10
08 BAG 12
09 BAG 13
10 CAP 14
11 BAG 14
12 BERET 16
13 BAG 17
14 BAG 18
15 BAG 19

16 HAT 20
17 BAG 21
18 BAG 22
19 CLUTCH BAG 23
20 HAT 24
21 SUN VISOR 26
22 BAG 27
23 CLOCHE 28
24 BAG 29
25 HAT 30
26 BAG 31
27 HAT 32
28 BAG 33
29 BAG 34
30 BAG 35

編み始める前に 37

作品の編み方 40

かぎ針編みの基礎 92

01 HAT

夏空に映える、印象的なグリーンのハット。
リネン&コットンの糸で編むレースリボンが、
おしゃれなポイントです。

{design} 宇野千尋
{yarn} ハマナカ エコアンダリヤ
ハマナカ フラックスLy
{how to make} P.40

02 BAG

ほどよい透け感が魅力のサークルバッグ。
丸い側面を2枚編み、まちと編みつなぎます。
スエードのタッセルをつけて、今風に。

{design} 橋本真由子
{yarn} ハマナカ エコアンダリヤ
{how to make} P.42

A

B

03 HAT

ボリュームのある黒リボンをあしらった、
レディなハット。
リボンの位置はその日の気分で楽しんで。

{ design } MICOTO
{ yarn } ハマナカ エコアンダリヤ
{ how to make } P.44

04 BAG

こま編み交差編みの、
ふっくらとした編み地が特徴のワンショルダーバッグ。
黒を選べば、大人っぽい雰囲気に。

{design} 橋本真由子
{yarn} ハマナカ エコアンダリヤ
{how to make} P.46

05 BAG

編みつける口金を使ったがま口バッグ。
上品な色合わせと、
横長のシルエットが魅力です。

{design} 稲葉ゆみ
{yarn} ハマナカ エコアンダリヤ
{how to make} P.48

06 BAG

モチーフをつないで作る筒型バッグ。
つなぐと現れる、
格子状の透かし模様がきれいです。

{design} 稲葉ゆみ
{yarn} ハマナカ エコアンダリヤ
{how to make} P.50

07 HAT

エコアンダリヤ《クロッシェ》で編むつば広のハットは、かぶったときのシルエットがとびきりきれい。
ブリムにテクノロートを編みくるんでいるから、形づくりは自在です。

{design} Knitting.RayRay
{making} 鈴木琴絵
{yarn} ハマナカ エコアンダリヤ《クロッシェ》
{how to make} P.52

08 BAG

小さめサイズがかわいい、チェック柄のバッグ。
Aはぺたんこタイプ、Bはまちつきです。

{design} 宇野千尋
{yarn} ハマナカ エコアンダリヤ
{how to make} P.54

09 BAG

引き上げ編みで描く、立体的なリーフ模様。
編むのも楽しい、新鮮なデザインです。

{design} 橋本真由子
{yarn} ハマナカ エコアンダリヤ
{how to make} P.56

10 CAP

カジュアル派におすすめの
シンプルなつばつきキャップ。
2本どりなのでほどよい厚みが出て、
フィット感が抜群です。

{design} 金子祥子
{yarn} ハマナカ エコアンダリヤ
{how to make} P.58

11 BAG

人気の巾着バッグを、
ショルダータイプで使いやすく。
レザー底を使って、
かっちりと形よく仕上げました。

{design} Knitting.RayRay
{making} 鈴木琴絵
{yarn} ハマナカ エコアンダリヤ
{how to make} P.60

12 BERET

丸いフォルムがかわいいベレー。
効かせ色のイエローを、
ちょこっと覗かせてかぶるのがお約束です。

{design} MICOTO
{yarn} ハマナカ エコアンダリヤ
{how to make} P.59

13 BAG

持つだけで夏気分が盛り上がる、
鮮やかなグリーンのトートバッグ。
持ち手の編み方がポイントです。

{design} 青木恵理子
{yarn} ハマナカ エコアンダリヤ
{how to make} P.62

14 BAG

持ち手に綿ロープを編みくるんだ
ゴールドのバッグ。
強度があるので、
荷物をたっぷり入れても安心です。

{design} 青木恵理子
{yarn} ハマナカ エコアンダリヤ
{how to make} P.64

15 BAG

コロンとした形がかわいいマルシェバッグ。
松編みと交差編みを1段ごとに配色して編むことで、
斜めのチェック模様になりました。

{design} 深瀬智美
{yarn} ハマナカ エコアンダリヤ
{how to make} P.66

16 HAT

トップ部分の編み方に技を効かせた、
ワンランク上のカンカン帽。
黒リボンでスタイリッシュにまとめて。

{design} 城戸珠美
{yarn} ハマナカ エコアンダリヤ
{how to make} P.68

17 BAG

小さなパイナップル模様を並べた
グラニーバッグ。
肩掛け可能で、
実用性もばっちりです。

{design} 城戸珠美
{yarn} ハマナカ エコアンダリヤ
{how to make} P.70

18 BAG

デイリーに使いたい、
ベージュ＆黒のかごバッグ。
側面の目数を少しだけ増すことで、
丸みのあるシルエットが生まれます。

{design} 青木恵理子
{yarn} ハマナカ エコアンダリヤ
{how to make} P.72

19 CLUTCH BAG

夏のお呼ばれにぴったりの、リボン形バッグ。
持ち手を外すとクラッチバッグにもなる
2WAYデザインです。

{design} 橋本真由子
{yarn} ハマナカ エコアンダリヤ
{how to make} P.74

20 HAT

マニッシュにかぶりたい中折れ帽。
編み方はできるだけシンプルに、形よく仕上がるように工夫したデザインです。

{design} MICOTO
{yarn} ハマナカ エコアンダリヤ
{how to make} P.76

21 SUN VISOR

長めのブリムが日差しを防いでくれる
サンバイザー。
小さく丸められるので、持ち運びにも便利です。

{design} 橋本真由子
{yarn} ハマナカ エコアンダリヤ
{how to make} P.78

22 BAG

底を四角く編み、目数を増減することで
ジグザグ模様を作ります。
段数が少ないから、編み上がりはあっという間。

{design} 橋本真由子
{yarn} ハマナカ エコアンダリヤ
{how to make} P.63

23 CLOCHE

トップに少し高さを持たせた、
シンプルなこま編みのクローシュ。
ちょこんとかぶっておしゃれのポイントに。

{design} 野口智子
{yarn} ハマナカ エコアンダリヤ
{how to make} P.80

24 BAG

シックな色合わせの、大人のためのミニトート。
配色しながら平らに編み、
あとからバッグの形に組み立てます。

{design} 野口智子
{yarn} ハマナカ エコアンダリヤ
{how to make} P.82

25 HAT

さりげない透かし模様を入れた、定番人気のデザイン。
サイド以外は、立ち上がりをつけずにぐるぐる編みます。

{design} 城戸珠美
{yarn} ハマナカ エコアンダリヤ
{how to make} P.81

26 BAG

3色を交互に編むマルシェバッグ。
前段を編みくるむことでかっちりとした編み地に仕上がります。
部屋かごとして使っても。

{design} 城戸珠美
{yarn} ハマナカ エコアンダリヤ
{how to make} P.84

27 HAT

松編みブリムの帽子は、
ほんのり甘く女性らしい雰囲気。
夏のワンピースと合わせて。

{design} MICOTO
{yarn} ハマナカ エコアンダリヤ
{how to make} P.86

28 BAG

ナチュラルでかわいい、小さな花模様のバッグ。
玉編みの連続模様は、覚えると楽しいのでぜひトライして。

{design} 河合真弓
{making} 関谷幸子
{yarn} ハマナカ エコアンダリヤ
{how to make} P.88

29 BAG

存在感のある、
大きなシェル模様が魅力のトートバッグ。
革持ち手をつけて上質な仕上がりに。

{design} 河合真弓
{making} 関谷幸子
{yarn} ハマナカ エコアンダリヤ
{how to make} P.87

30 BAG

引き上げ編みでアラン模様を描いたバッグ。
きれいめデザイン&レザー底を使った
しっかりした仕立てで、オフィス使いにも。

{design} Little Lion
{yarn} ハマナカ エコアンダリヤ
{how to make} P.90

HOW TO MAKE

次ページからは、
使用する用具やエコアンダリヤの扱い方、
基本のテクニックを解説しています。
エコアンダリヤは、
きれいに仕上げるために少しコツが必要な糸なので、
素材のことを知ってから、作品を編み始めましょう。

編み始める前に

{ 用意するもの }

● 糸　＊糸見本は実物大

エコアンダリヤ

木材パルプを原料にした天然素材、レーヨン100％の糸。さらさらとした手触りで色数も豊富です。

エコアンダリヤ《クロッシェ》

エコアンダリヤの半分の太さの細タイプ。適度なコシと張りがあり、繊細な編み地ができます。

糸の取り出し方

エコアンダリヤはビニール袋に入れたまま、糸玉の内側から糸端を取り出して使います。ラベルをはずすと糸がほどけてしまい、編みにくくなるのではずさないようにしましょう。

● 用具／その他

かぎ針

太さによって、2/0～10/0号まであり、数字が大きくなるほど太くなります。「ハマナカアミアミ両かぎ針ラクラク」は、1本で2種類の号数が使えて便利。

毛糸とじ針

縫い針よりも太く、先が丸い針。糸始末や、持ち手をつけるときに。

段目リング

目数、段数を数えるときなどに、あると便利です。

クラフトハサミ

先が細くてよく切れる手芸用のハサミがおすすめ。

テクノロート
（H204-593）

形状保持できる芯材。帽子のブリムなどに芯として一緒に編みくるむと、形が保たれます。編みくるみ方はP.39参照。

熱収縮チューブ
（H204-605）

テクノロートの端の始末に使用します。

スプレーのり
（H204-614）

スチームアイロンで形を整えたあと、スプレーのりをかけると形状が長く保たれます。

はっ水スプレー
（H204-634）

エコアンダリヤは吸水性の高い素材なので、はっ水スプレーをかけて、はっ水・防汚効果を持たせるのがおすすめです。

{ ゲージについて }

ゲージとは、「一定の大きさ（写真は10cm角）の中に何目、何段入るか」を示しています。本と同じ糸、同じ針で編んでも、編む人の手加減によってゲージがかわることがあります。帽子はかぶれなくなることもあるので、15cmくらいの編み地を試し編みしてゲージを測り、表示のゲージと異なる場合は次の方法で調整しましょう。

10cm＝15目 ／ 10cm＝17段

目数・段数が表示よりも多い場合

手加減がきついので、編み上がりが作品よりも小さくなります。表示よりも1～2号太めの針で編みましょう。

目数・段数が表示よりも少ない場合

手加減がゆるいので、編み上がりが作品よりも大きくなります。表示よりも1～2号細めの針で編みましょう。

{ エコアンダリヤ Q&A }

エコアンダリヤの編み方は？

編み進めていくと編み地がうねりますが、そのまま気にせずに編んで大丈夫。編み地から2〜3cm浮かせてスチームアイロンを当てると、驚くほどきれいに編み地が整います。ある程度編み進んだらスチームアイロンを当てて編み目を整えると、気持ちよく続きが編めます。

ほどいた糸は？

編み間違えてほどいたエコアンダリヤは、クセがついてそのまま編んでも目がそろいません。ほどいた糸に2〜3cm離してスチームアイロンを当てると、糸が伸びて元通りになります。数目だけほどいたときは、指でしごいて伸ばしましょう。

斜行って何？

輪に編み進めていくと、編み目が少しずつ傾いていくことがあり、これを「斜行」と言います(a)。斜行の具合は編む手加減によって異なり、編み慣れた人でも起こることなので、気にする必要はありません。バッグの側面が斜行した場合は、持ち手をつけるときに目数はこだわらず、本体の中央に2本の持ち手の位置が合うようにしてつけましょう(b)。

作品の仕上げ方は？

帽子やバッグの中に新聞紙やタオルなどをつめて形を整えます(a)。編み地から2〜3cm浮かせてスチームアイロンを当て、形を整えて乾くまでそのまま置いておきます(b)。仕上げはP.37で紹介しているスプレーのりをかけると形状が保たれます。ドライクリーニングに出すことも可能です。帽子の場合、トップやサイドを編んだ状態で、一度スチームアイロンを当てるのがおすすめです(c)。

帽子のサイズ調整方法は？

P.37「ゲージについて」で解説したように、まずは試し編みをしてゲージを測り、作品と同じサイズに仕上がるように調整することをおすすめします。それでも大きく仕上がってしまった、かぶっているうちに伸びてしまう…という場合には、市販の帽子にもついている「サイズテープ」をつけるとよいでしょう。サイズテープをつけるだけでもフィット感が出ますが、テープの中にワックスコードなどの細いひもを通して絞ると、2、3cmのサイズ調整が可能になります。ただし、編み上がりが作品よりも小さい場合には、この方法は使えないので、小さくならないように注意しましょう。

サイズテープは頭まわり+2cmにカットして輪に縫い合わせ、クラウンやサイドの最終段に縫いつけます(a)。色は作品と同系色のものを選びましょう(b)。

サイズテープ

伸び止めや汗止めの効果がある。幅2.5〜3cmのものが一般的。

ワックスコード、スエードのリボン

すべりのよい細いひもがおすすめ。

{ 基本のテクニック }

● **テクノロートの編みくるみ方** ＊わかりやすいように、黒のテクノロートを使っています。

編み始め

1 熱収縮チューブを2.5cmに切り、テクノロートに通す。

2 テクノロートをチューブの先に引き出し、二つ折りにして数回ねじり、輪を作る（輪はかぎ針の頭が入る大きさ）。ねじった部分をチューブに戻し、ドライヤーの温風で加熱してチューブを収縮させる。

3 立ち上がりのくさり編みを編み、編み始めの目とテクノロートの輪に針を入れ、こま編みを編む。

4 次からは、テクノロートを編みくるみながらこま編みを編む。

編み終わり

1 編み終わりの5目くらい手前まで編んだら、形を整える。

2 5目分の2倍の長さを残し、テクノロートをカットする。

3 編み始めの1、2の要領で熱収縮チューブを通し、テクノロートをねじって輪を作る。

4 最後の目の手前まで編み、編み始めの3と同様に、最後の目とテクノロートの輪に針を入れてこま編みを編む。

● **チェーンつなぎ** ＊わかりやすいように、2～4は糸の色をかえています。

1 編み終えたら糸は15cmくらい残してカットし、針をはずして糸端を引き出す。

2 糸端をとじ針に通し、最初の目の頭（糸2本）をすくう。

3 次に、最後に目の頭に針を入れる。

4 糸を引き、くさり目を1目作る。最初と最後の目がつながり、きれいな仕上がりになる。

● **レザー底に編みつける**

1 糸端を10cm残し、レザー底の穴に針を入れて立ち上がりのくさり編みを編む。

2 こま編みを編んでいく。

3 作品によっては、同じ穴にこま編みを2目、3目編み入れる。

01 HAT

{ photo } P.3

{ 用意するもの }
糸／ハマナカ エコアンダリヤ（40g玉巻）
レトログリーン（68）130 g
ハマナカ フラックスLy（25g玉巻）
オフホワイト（801）30 g
針／ハマナカアミアミ両かぎ針ラクラク 5/0 号
{ ゲージ } こま編み　21目25段＝10cm角
{ サイズ } 頭まわり 57cm

{ 編み方 } 糸は1本どりで、帽子をエコアンダリヤ、リボンをフラックスLyで編みます。
糸端を輪にし、こま編みを6目編み入れます。2段めからは立ち上がりをつけずに図のように増しながらトップとサイドをこま編みで編みます。続けて、ブリムを増減しながら編みます。リボンはくさり17目作り目し、模様編みで40段編みます。続けて縁編みを1段編みます。作り目側に糸をつけ、縁編みを1段編みます。サイドにリボンを巻いて2回結びます。

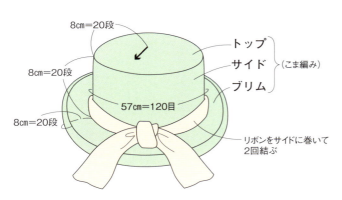

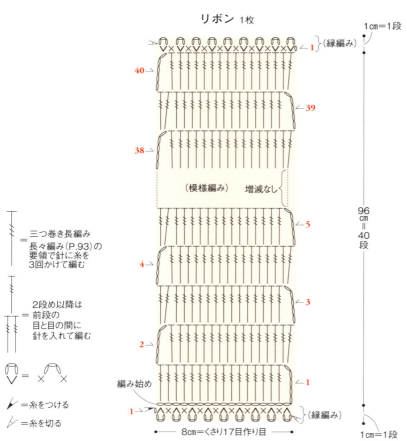

目数と増し方

	段	目数	増し方
ブリム	19・20	192目	増減なし
	18	192目	毎段12目減らす
	17	204目	
	16	216目	増減なし
	15	216目	12目増す
	14	204目	増減なし
	13	204目	12目増す
	12	192目	増減なし
	11	192目	12目増す
	10	180目	増減なし
	9	180目	12目増す
	8	168目	増減なし
	7	168目	12目増す
	6	156目	増減なし
	5	156目	12目増す
	4	144目	増減なし
	3	144目	12目増す
	2	132目	増減なし
	1	132目	12目増す
サイド	1～20	120目	増減なし
トップ	20	120目	毎段6目増す
	19	114目	
	18	108目	
	17	102目	
	16	96目	
	15	90目	
	14	84目	
	13	78目	
	12	72目	
	11	66目	
	10	60目	
	9	54目	
	8	48目	
	7	42目	
	6	36目	
	5	30目	
	4	24目	
	3	18目	
	2	12目	
	1	6目編み入れる	

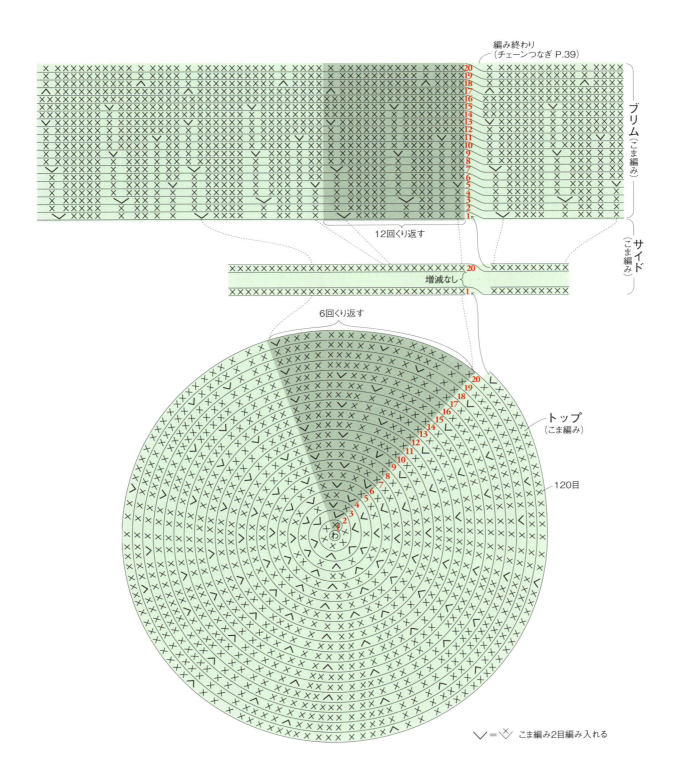

02 BAG

{photo} P.4

{用意するもの}
糸/ハマナカ エコアンダリヤ（40g玉巻）
A 黒（30）180g　B ベージュ（23）240g
針/ハマナカアミアミ両かぎ針ラクラク6/0号
その他/幅0.3cmのスエードテープ（黒）450cm
　　　手縫い糸　手芸用ボンド
{ゲージ}模様編み　9.5段＝10cm
　　　　こま編み　17目16.5段＝10cm角
{サイズ}A 直径30cm　B 直径38cm

{編み方}糸は1本どりで編みます。（ ）内はBの目数段数、指定以外はAB共通です。

まちはくさり10目（13目）作り目し、こま編みで増減なく編みます。側面は糸端を輪にし、図のように模様編みで目を増しながら14段め（18段め）まで編みます。15段め（19段め）のこま編みは、指定の位置にまちを重ねて編みます。もう一枚の側面も同様に編みます。
持ち手はくさり100目作り目し、こま編みで編みます。持ち手を側面の内側にとじつけます。スエードテープでタッセルを作り、持ち手につけます。

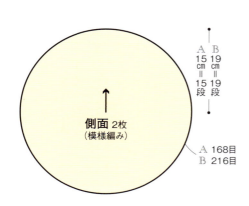

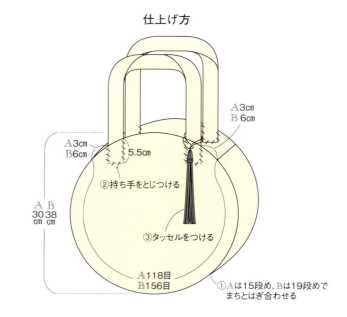

仕上げ方

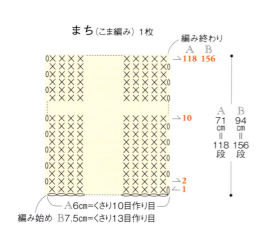

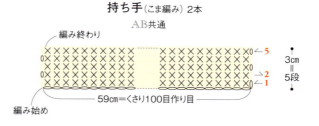

持ち手（こま編み）2本
AB共通

タッセルの作り方

スエードテープ
35cm…12本　) カットする
25cm…1本

①35cmのテープ1本を輪にする

②残りの11本を輪に通し、束ねる

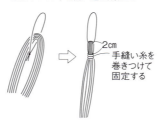

③25cmのテープを手縫い糸の上に巻き、ボンドでとめる

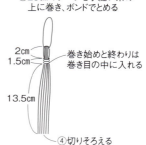

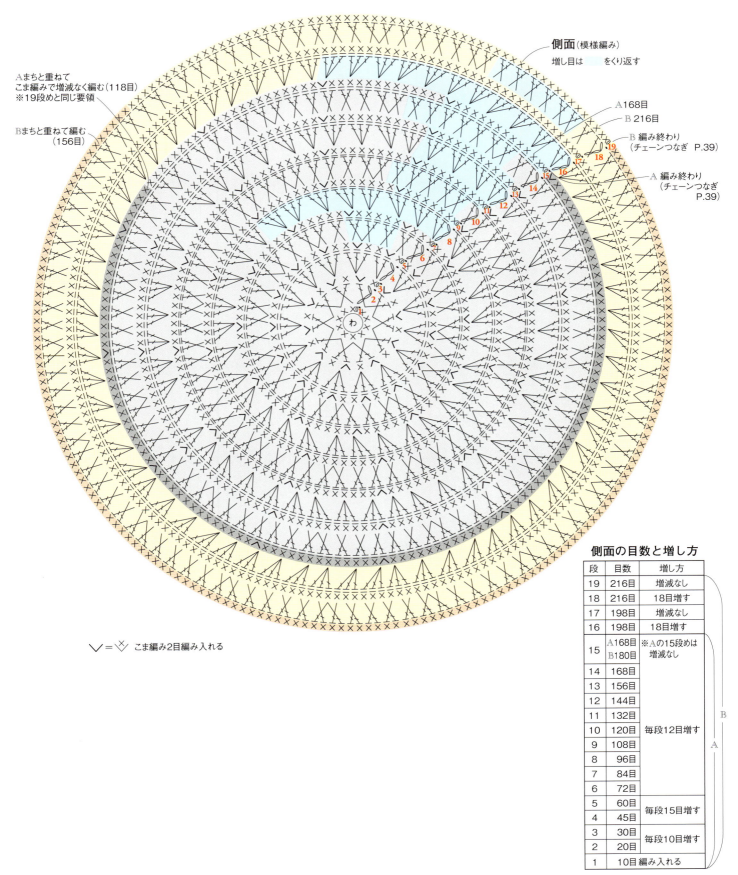

03 HAT

{photo} P.6

{用意するもの}
糸/ハマナカ エコアンダリヤ（40g玉巻）
ベージュ（23）120g
針/ハマナカアミアミ両かぎ針ラクラク5/0号
その他/テクノロート（H204-593）約360cm
　　　　熱収縮チューブ（H204-605）5cm
　　　　幅3cmのサイズテープ約58cm
　　　　直径2mmのワックスコード約65cm
　　　　リボン用の麻布12×160cm　手縫い糸
{ゲージ}こま編み　18目19段=10cm角
{サイズ}頭まわり56cm

{編み方}糸は1本どりで編みます。
トップは糸端を輪にし、こま編みを6目編み入れます。2段めからは図のように増しながらこま編みで15段めまで編み、一度スチームアイロンで平らにします。サイドはこま編みを21段めまで編み、引き抜き編みを1段編みます。続けてブリムを図のように目を増しながら模様編みで編みますが、指定の段にはテクノロートを編みくるみます。後ろ中央でブリムを折り返し、縫いつけます。リボンを巻いて結び、数カ所を縫いとめます。

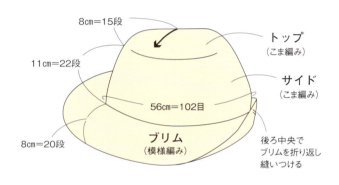

仕上げ方

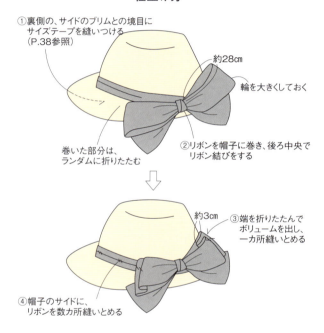

① 裏側の、サイドのブリムとの境目にサイズテープを縫いつける（P.38参照）
約28cm
輪を大きくしておく
巻いた部分は、ランダムに折りたたむ
② リボンを帽子に巻き、後ろ中央でリボン結びをする
約3cm
③ 端を折りたたんでボリュームを出し、一カ所縫いとめる
④ 帽子のサイドに、リボンを数カ所縫いとめる

●03、20共通のテクノロートの使い方

03で解説しています。この方法を使うことで、手加減に左右されず、初心者でも作品に近い形に仕上げることができます。

1 テクノロートを編みくるむ段（8段め）になったら、P.39「編み始め」を参照してテクノロートを編み入れる。指定の寸法（8段めの場合、78.5cm）の位置にマジックなどで印をつけておく。

2 必要目数を編んだら一度かぎ針をはずし、編み地を伸ばすようにして、1の印の位置に最後の目が合うように調整する。テクノロートは切らずに、次に編みくるむ段（11段め）まで編み地の裏で渡す。

3 渡したテクノロートは、糸始末のときに目立たないように隠す。

●ブリムの編み方

前段の引き抜き編みの目を残す場合

1、11、13、15、17、19段めのこま編みは、前段の引き抜き編みの目を残し、前々段のこま編みに編み入れる。編み地に強度が出て、形がきれいに保たれる。

編み終わり
(チェーンつなぎ P.39)

ブリム
(模様編み)

※8、11、15、19段めは
テクノロートを編みくるむ(P.39／44)
※1、11、13、15、17、19段めは
前段の引き抜き編みの目を残し、
前々段のこま編みに編み入れる
(P.44ブリムの編み方参照)

6回くり返す

3回くり返す　6回くり返す　増減なし　102目

サイド
(こま編み)

トップ
(こま編み)

∨ = ✕✕　こま編み2目編み入れる

目数と増し方

	段	目数	増し方	
ブリム	20	180目	増減なし	
	19	180目	6目増す	96cm
	18	174目	増減なし	
	17	174目	6目増す	
	16	168目	増減なし	
	15	168目	6目増す	90.5cm
	14	162目	増減なし	
	13	162目	6目増す	
	12	156目	増減なし	
	11	156目	6目増す	84cm
	10	150目	増減なし	
	9	150目	6目増す	
	8	144目	増減なし	78.5cm
	7	144目	毎段6目増す	
	6	138目		
	5	132目		
	4	126目		
	3	120目		
	2	114目		
	1	108目		

テクノロートを編みくるむ

	段	目数	増し方
サイド	5〜22	102目	増減なし
	4	102目	
	3	99目	毎段3目増す
	2	96目	
	1	93目	
トップ	15	90目	
	14	84目	
	13	78目	
	12	72目	
	11	66目	
	10	60目	毎段6目増す
	9	54目	
	8	48目	
	7	42目	
	6	36目	
	5	30目	
	4	24目	
	3	18目	
	2	12目	
	1	6目 編み入れる	

※テクノロートの寸法は前段の周囲の長さから算出しています

04 BAG

{photo} P.7

{用意するもの}
糸/ハマナカ エコアンダリヤ
(40g玉巻) 黒 (30) 230g
針/ハマナカアミアミ両かぎ針ラクラク6/0号
その他/直径2.5cmのボタン1個
{ゲージ} 模様編みA 21目13段=10cm角
{サイズ} 図参照

{編み方} 糸は1本どりで編みます。
底はくさり30目作り目し、こま編みで増しながら10段編みます。続けて、側面を模様編みAで増減なく31段編みます。指定の位置に糸をつけ、入れ口を模様編みBで図のように減らしながら15段編み、続けて持ち手を模様編みBで増減なく26段編みます。同様に反対側の入れ口と持ち手も指定の位置に糸をつけて編みます。持ち手を巻きかがりではぎ合わせます。持ち手の両脇にそれぞれ糸をつけ、持ち手と入れ口まわりにこま編みを1段編みます。ループとフリンジを作り、側面後ろ中央にとじつけます。側面前中央にボタンをつけます。

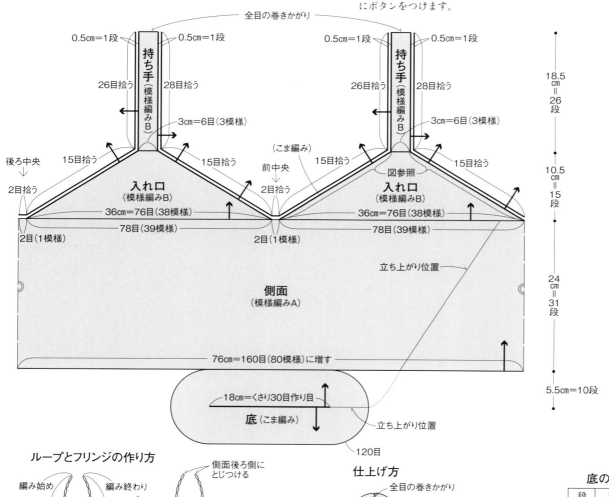

底の目数と増し方

段	目数	増し方
10	120目	8目増す
9	112目	4目増す
8	108目	8目増す
7	100目	4目増す
6	96目	8目増す
5	88目	4目増す
4	84目	8目増す
3	76目	4目増す
2	72目	8目増す
1	くさりの両側から64目拾う	

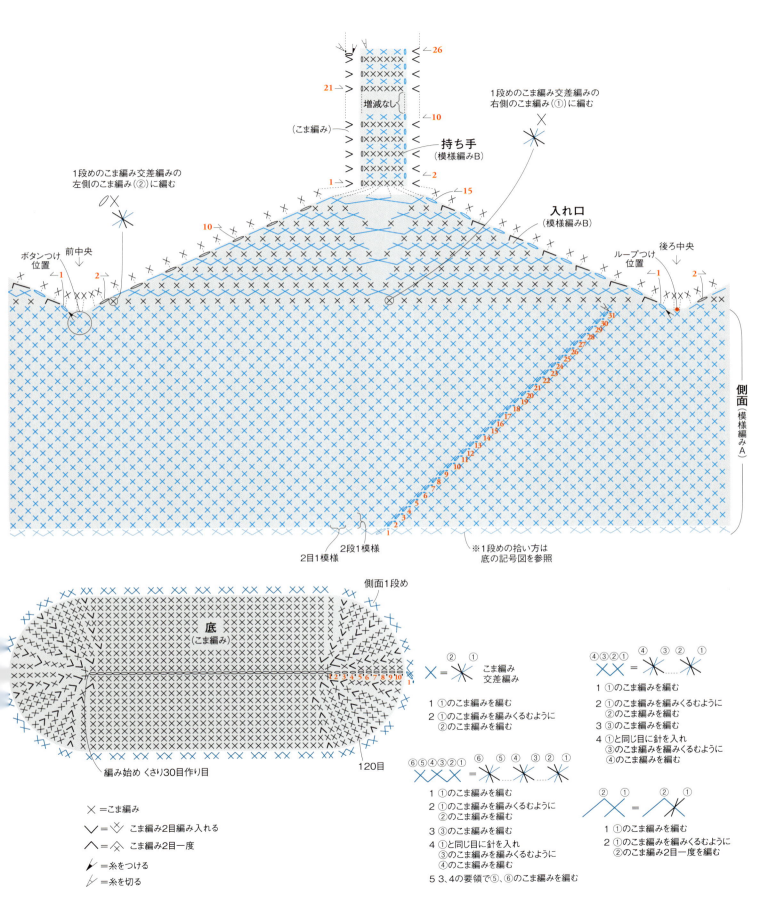

05 BAG

{photo} P.8

{用意するもの}
糸／ハマナカ エコアンダリヤ（40g玉巻）
ベージュ（23）60g　モスグリーン（61）30g
ローズピンク（54）、ダークオレンジ（69）、
ライムイエロー（19）各20g
針／ハマナカアミアミ両かぎ針ラクラク6/0号
その他／ハマナカ 編みつける口金（24cm/H207-020-4）1個
　　　　手縫い糸
{ゲージ}模様編み　21目16段＝10cm角
{サイズ}図参照

{編み方}糸は1本どりで、指定の配色で編みます。
底はくさり59目作り目し、模様編みで増しながら11段編みます。続けて側面は模様編みで増減なく19段編みます。さらに続けて入れ口のこま編みを編みますが、指定の位置は口金を編みくるみながら編みます。持ち手ひもは、えび編み48cmを編んで口金のカンに通し、縫いつけます。

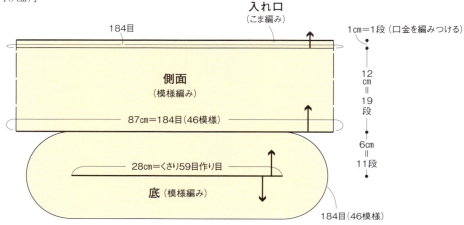

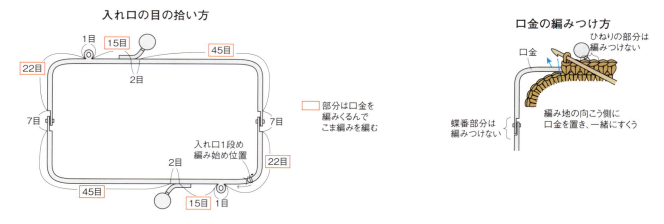

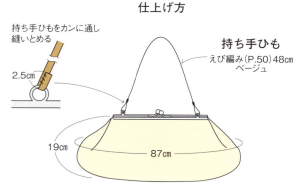

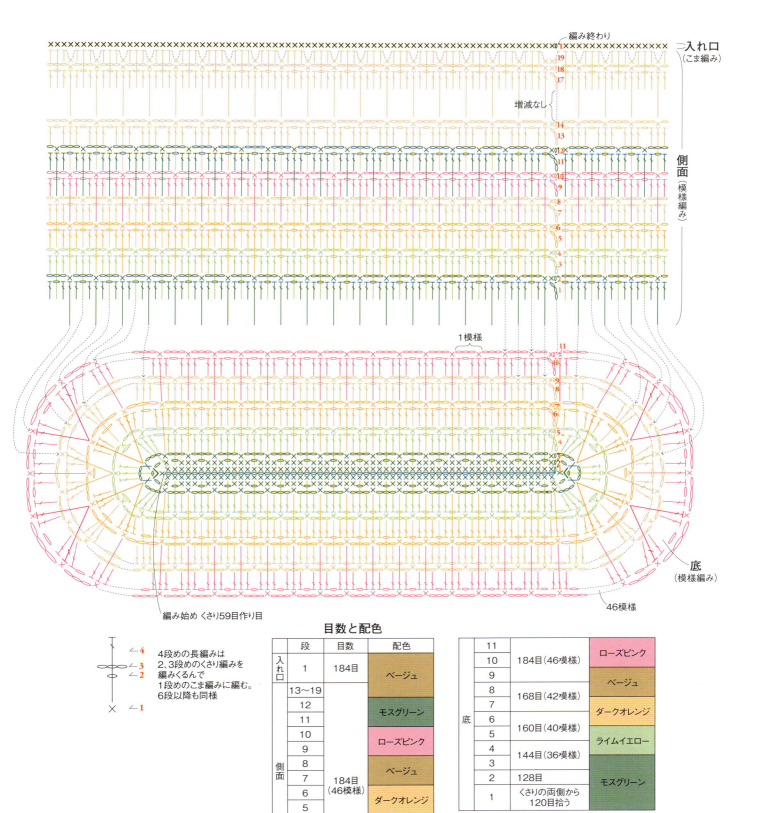

06 BAG

{photo} P.9

{用意するもの}
糸/ハマナカ エコアンダリヤ
(40g玉巻)ベージュ(23)250g
針/ハマナカアミアミ両かぎ針ラクラク5/0号、7/0号
その他/ハマナカ レザー底(大)ベージュ
　　　　(直径20cm/H204-619)1枚
{ゲージ}モチーフの大きさ　9.5cm×9.5cm
{サイズ}底の直径20.5cm　深さ30.5cm

{編み方}糸はえび編み以外は1本どりで、5/0号針で編みます。
モチーフは糸端を輪にし、中長編みとくさり編みで1段めを編みます。2段めからは図のように目を増しながら7段めまで編みます。18枚編みます。レザー底の穴に、こま編みを120目編み入れます。側面はモチーフ18枚を図のように配置し、半目の巻きかがりではぎ合わせます。底側にこま編み・長編みを1段編みます。入れ口に縁編みを編みます。
側面と底を半目の巻きかがりではぎ合わせます。持ち手と持ち手通しをえび編みで編みます。持ち手通しをとじつけ、持ち手を通し、編み始めと終わりをかがって輪にします。

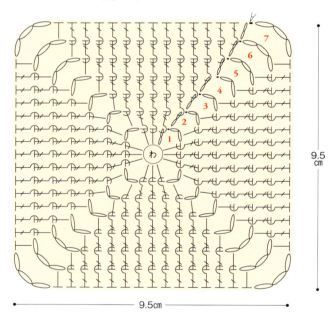

モチーフ 18枚 5/0号針

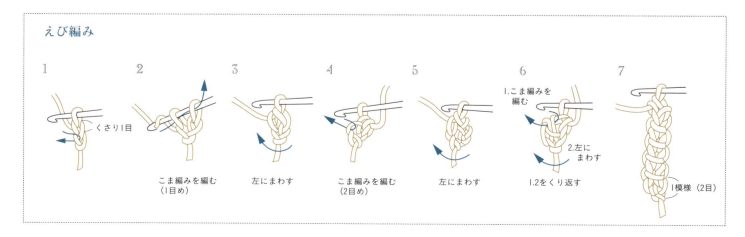

えび編み

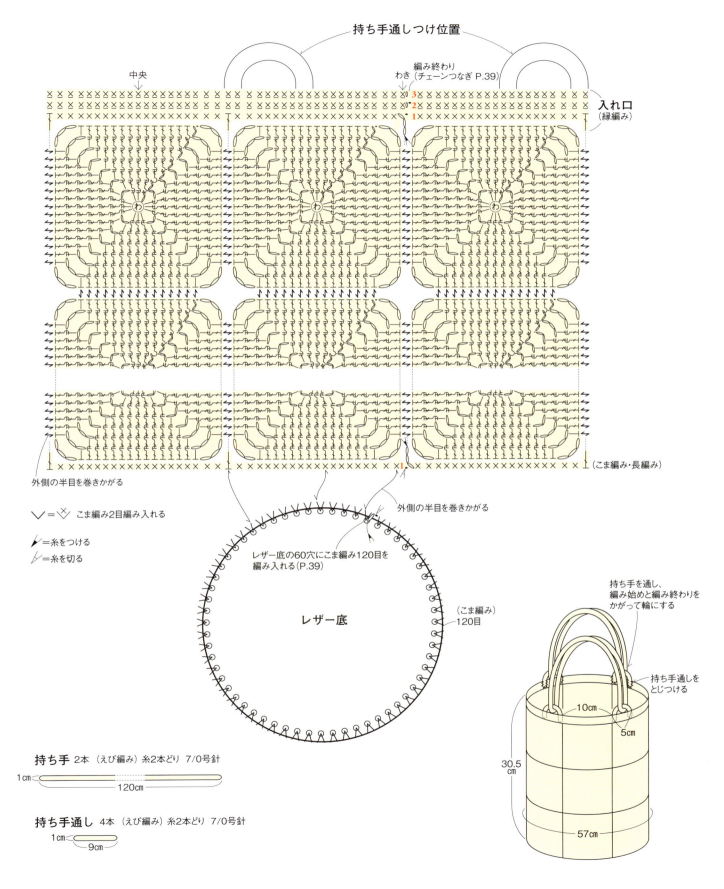

07 HAT

{photo} P.10

{用意するもの}
糸／ハマナカ エコアンダリヤ《クロッシェ》(30g玉巻)
ベージュ (803) 110g
針／ハマナカアミアミ両かぎ針ラクラク4/0号
その他／テクノロート (H204-593) 760cm
　　　　熱収縮チューブ (H204-605) 5cm
{ゲージ} こま編み　26目33段＝10cm角
{サイズ} 頭まわり61.5cm

{編み方} 糸は1本どりで編みます。
トップは糸端を輪にし、こま編みで図のように増しながら編みます。続けてサイドとブリムを図のように編みます。ひも通しを指定の段に4等分の位置 (約15cm間隔)につけます。ひもを編み、ひも通しに通します。ひも先にタッセルをつけ、ひもを結びます。

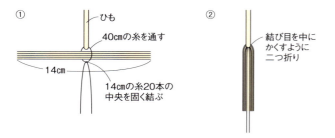

タッセルの作り方

目数と増し方

	段	目数	増し方
サイド	22〜30	160目	増減なし
	21	160目	4目増す
	18〜20	156目	増減なし
	17	156目	4目増す
	5〜16	152目	増減なし
	4	152目	8目増す
	1〜3	144目	増減なし
トップ	25	144目	8目増す
	24	136目	増減なし
	23	136目	8目増す
	22	128目	増減なし
	21	128目	8目増す
	19・20	120目	増減なし
	18	120目	8目増す
	17	112目	増減なし
	16	112目	毎段8目増す
	15	104目	
	14	96目	増減なし
	13	96目	毎段8目増す
	12	88目	
	11	80目	
	10	72目	
	9	64目	
	8	56目	
	7	48目	増減なし
	6	48目	毎段8目増す
	5	40目	
	4	32目	
	3	24目	
	2	16目	
	1	8目 編み入れる	

	段	目数	増し方
ブリム	27〜34	256目	増減なし
	26	256目	8目増す
	24・25	248目	増減なし
	23	248目	8目増す
	21・22	240目	増減なし
	20	240目	8目増す
	18・19	232目	増減なし
	17	232目	8目増す
	15・16	224目	増減なし
	14	224目	毎段8目増す
	13	216目	
	12	208目	増減なし
	11	208目	8目増す
	10	200目	増減なし
	9	200目	8目増す
	7・8	192目	増減なし
	6	192目	8目増す
	4・5	184目	増減なし
	3	184目	
	2	176目	毎段8目増す
	1	168目	

テクノロートを編みくるむ (P.39)

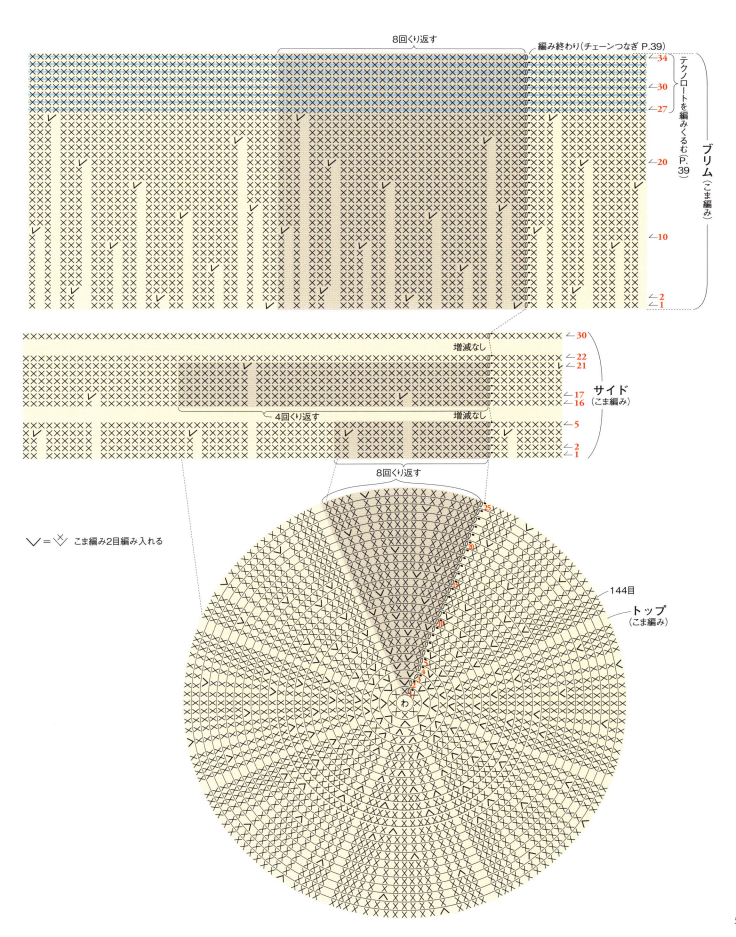

08 BAG

{photo} P.12

{用意するもの}
糸/ハマナカ エコアンダリヤ（40g玉巻）
A ネイビー（57）65g　白（1）40g
B ベージュ（23）60g　白（1）30g
針/ハマナカ アミアミ両かぎ針ラクラク5/0号
{ゲージ} 模様編み　22.5目17.5段＝10cm角
{サイズ} 図参照

{編み方} 糸は1本どりで、指定の配色で編みます。指定以外はAB共通です。底はくさり50目作り目し、A2段、B10段こま編みで往復に編みます。続けて、底の周囲からA104目（26模様）、B120目（30模様）拾い目して模様編みでA34段、B26段輪に編みます。持ち手は、くさり56目作り目して長編みで1段編み、二つ折りにして引き抜き編みではぎます。持ち手を側面の内側にまつりつけます。

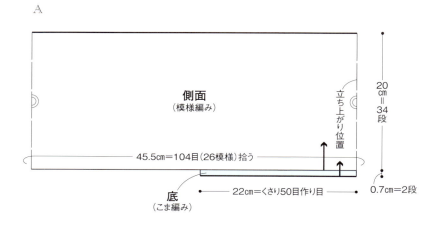

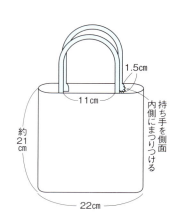

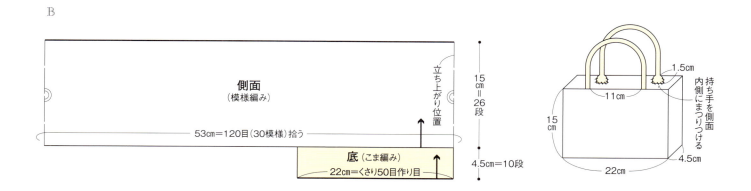

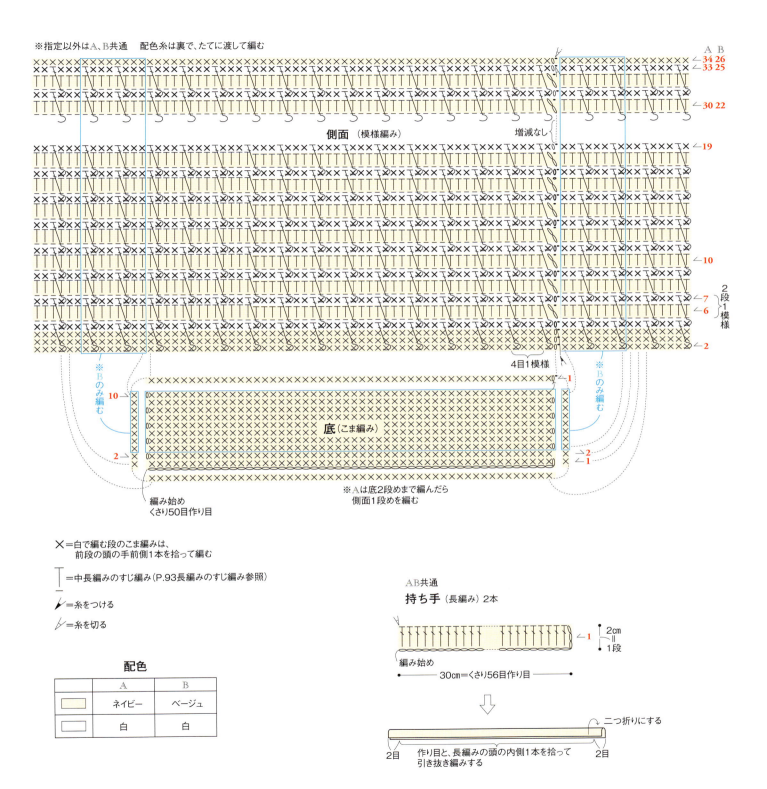

09 BAG

{photo} P.13

{ 用意するもの }
糸／ハマナカ エコアンダリヤ（40g玉巻）
ベージュ（23）270g
針／ハマナカアミアミ両かぎ針ラクラク6/0号
{ ゲージ } 模様編み　16.5目11段＝10cm角
{ サイズ } 図参照

{ 編み方 } 糸は1本どりで編みます。
糸端を輪にし、長編みを16目編み入れます。2段めからは模様編みで図のように増減しながら底と側面を編みます。続けて入れ口と持ち手を編みますが、指定の位置でくさり60目を編みます。

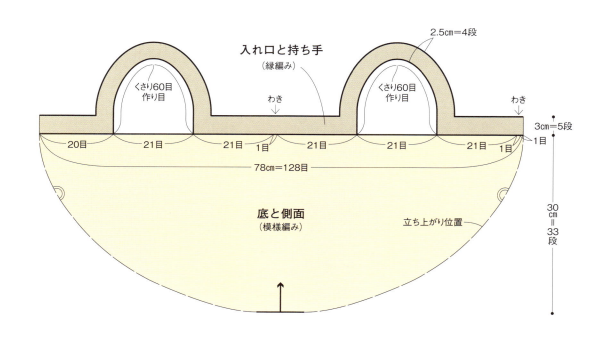

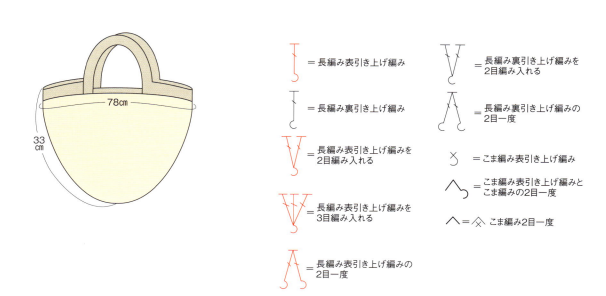

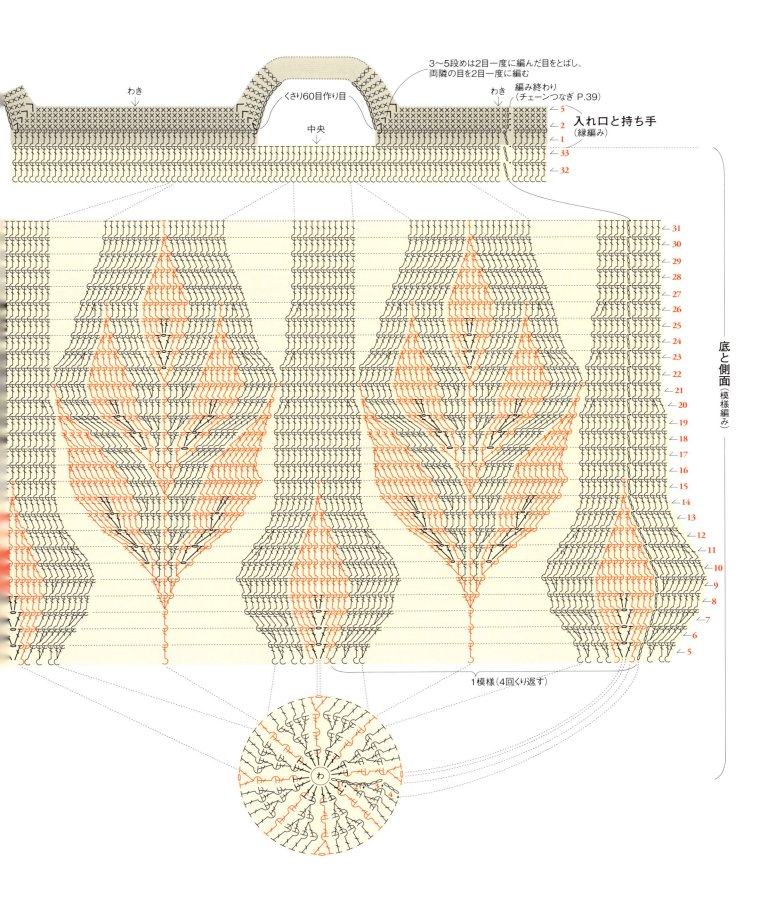

10 CAP

{photo} P.14

{ 用意するもの }
糸／ハマナカ エコアンダリヤ（40g玉巻）
ベージュ（23）100g
針／ハマナカアミアミ両かぎ針ラクラク 10/0号
その他／テクノロート（H204-593）220cm
　　　　熱収縮チューブ（H204-605）5cm
{ ゲージ } こま編み 13.5目 13.5段＝10cm角
{ サイズ } 頭まわり 57cm　深さ 18cm

{ 編み方 } 糸は2本どりで編みます。
クラウンは糸端を輪にし、こま編みを7目編み入れます。2段めからは立ち上がりをつけずに図のように増しながらぐるぐると編みます。編み終わりは引き抜き編みでとめます。ブリムはクラウンの指定の位置に糸をつけ、テクノロートを編みくるみながら、こま編みで図のように8段編みます。クラウンの編み終わりに糸をつけ、クラウンとブリムに続けて縁編みを編みます。

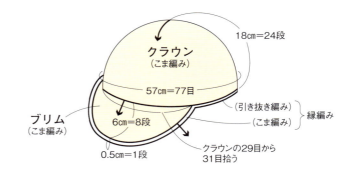

クラウンの目数と増し方

段	目数	増し方
21〜24	77目	増減なし
20	77目	7目増す
12〜19	70目	増減なし
11	70目	毎段7目増す
10	63目	
9	56目	
8	49目	
7	42目	増減なし
6	42目	
5	35目	毎段7目増す
4	28目	
3	21目	
2	14目	
1	7目編み入れる	

∨ = こま編み2目編み入れる
∧ = こま編み2目一度
↙ = 糸をつける　↗ = 糸を切る

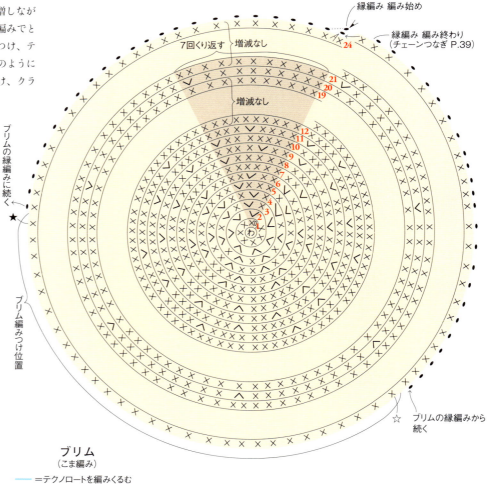

12 BERET

{photo} P.16

{用意するもの}
糸／ハマナカ エコアンダリヤ（40g玉巻）
グレー（148）60g　黄色（11）20g
針／ハマナカアミアミ両かぎ針ラクラク4/0号、6/0号
その他／直径2mmのワックスコード約70cm
{ゲージ}こま編み　16目17段＝10cm角
{サイズ}図参照

{編み方}糸は1本どりで、見返しとループ以外はグレーで編みます。糸端を輪にし、こま編みを6目編み入れます。クラウンは2段めからは図のように増しながらこま編みで編みます。続けて見返しを模様編みで編みます。ループはくさり10目作り目して模様編みで編み、二つ折りにしてトップにとじつけます。見返しを内側に折り、スチームアイロンで整えます。

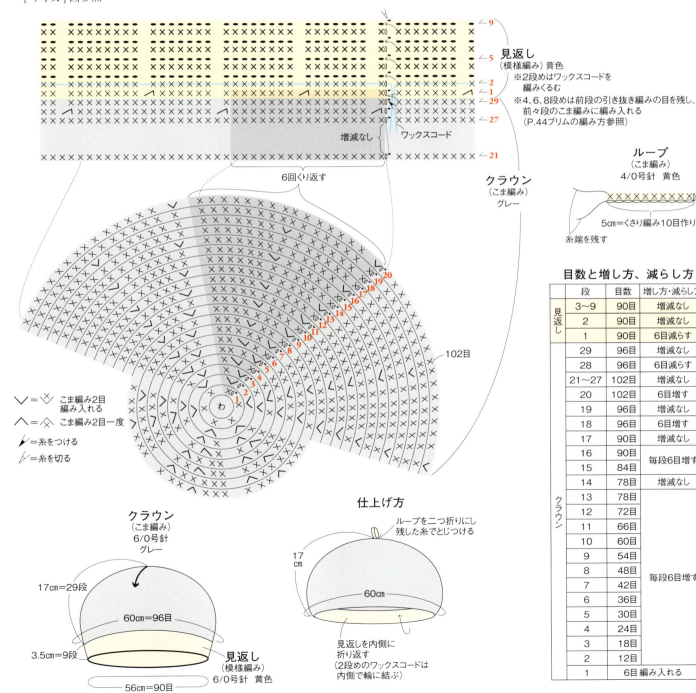

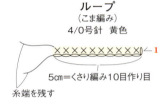

	段	目数	増し方・減らし方
見返し	3〜9	90目	増減なし
	2	90目	増減なし
	1	90目	6目減らす
クラウン	29	96目	増減なし
	28	96目	6目減らす
	21〜27	102目	増減なし
	20	102目	6目増す
	19	96目	増減なし
	18	96目	6目増す
	17	90目	増減なし
	16	90目	毎段6目増す
	15	84目	
	14	78目	増減なし
	13	78目	毎段6目増す
	12	72目	
	11	66目	
	10	60目	
	9	54目	
	8	48目	
	7	42目	
	6	36目	
	5	30目	
	4	24目	
	3	18目	
	2	12目	
	1	6目 編み入れる	

11 BAG

{photo} P.14

{ 用意するもの }
糸／ハマナカ エコアンダリヤ（40g玉巻）
ベージュ（23）200g　黒（30）40g
針／ハマナカアミアミ両かぎ針ラクラク 4/0号、6/0号
その他／ハマナカ レザー底（大）こげ茶
　　　　（直径20cm／H204-616）1枚
{ ゲージ } 模様編み　3模様＝5.5cm　3模様（6段）＝5.5cm
{ サイズ } 図参照

{ 編み方 } 糸は1本どりで、模様編みのしま模様以外はベージュで編みます。
底はレザー底の60穴に1目ずつ引き抜き編みを編んでから、こま編み120目を拾い、図のように152目に増し目をします。続けて側面を模様編みのしま模様と模様編みで、毎段編み方向をかえながら輪に編みます。段の終わりは糸を切らずに針にかかったループをのばして糸玉を通してとめ、次の段に渡します。入れ口にバックこま編みを1段編みます。肩ひも、見返し、ループエンド、口ひもはくさりで作り目し、図のように編みます。肩ひもを縫いつけてから見返しを縫いつけ、口ひもを通してループエンドをつけます。

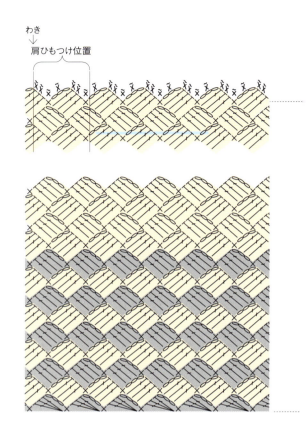

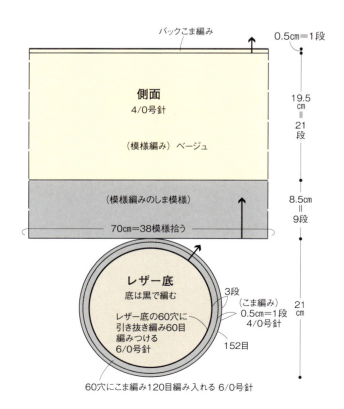

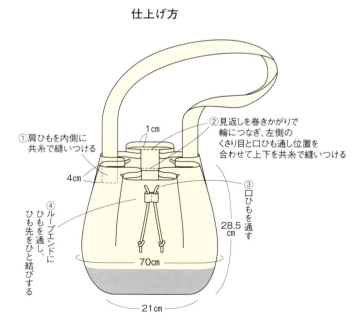

※肩ひも、見返しはベージュで表にひびかないように返し縫でつける

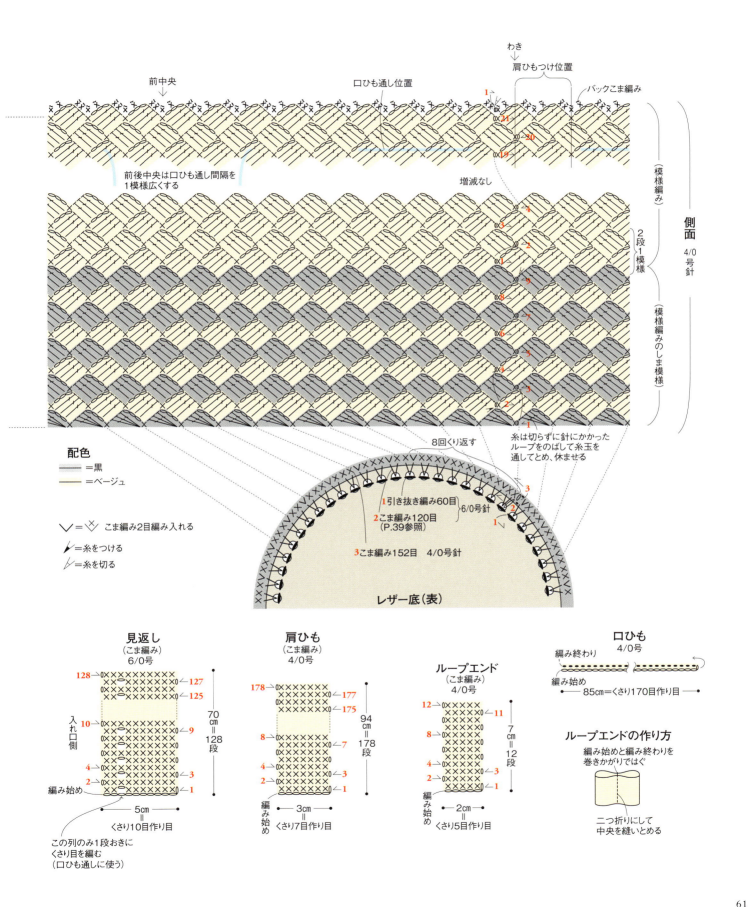

13 BAG

{photo} P.17

{用意するもの}
糸／ハマナカ エコアンダリヤ（40g玉巻）
グリーン（17）200g
針／ハマナカアミアミ両かぎ針ラクラク7/0号
{ゲージ} こま編み　17目17.5段＝10cm角
{サイズ} 図参照

{編み方} 糸は1本どりで編みます。
底はくさり50目作り目し、こま編みで25段編みます。側面は指定の位置に糸をつけ、こま編みで毎段編み方向を変えながら輪に編みます。持ち手は指定の位置に糸をつけ、こま編みで55段編んで側面に巻きかがりでつけます。反対側の持ち手も同様につけます。側面と持ち手に続けて図のように引き抜き編みを編みます。

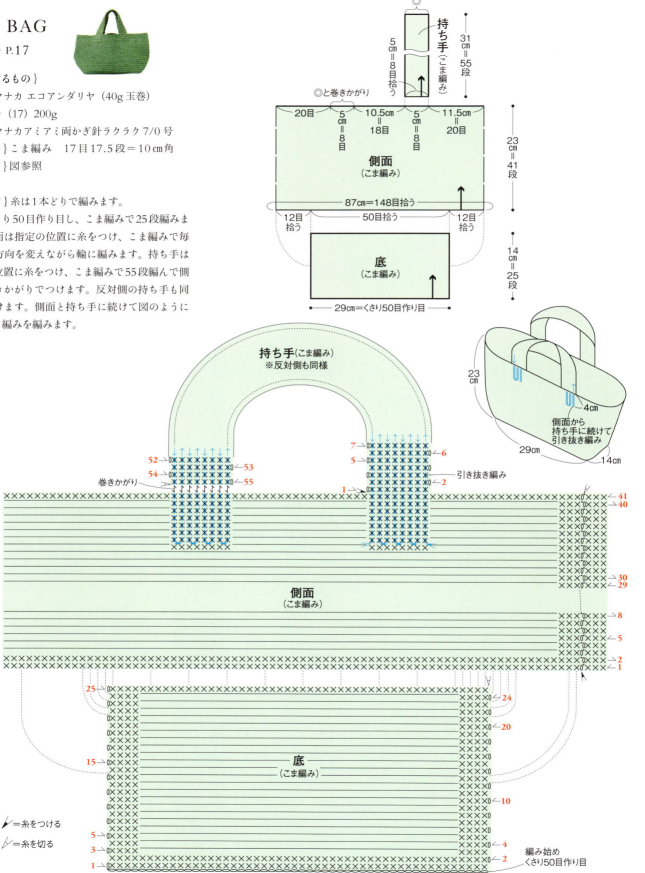

22 BAG

{photo} P.27

{用意するもの}
糸／ハマナカ エコアンダリヤ（40g玉巻）
A グレー（148）120g　B レトロピンク（71）120g
針／ハマナカアミアミ両かぎ針ラクラク6/0号
{ゲージ} 模様編みA　18目＝10cm　8段＝9cm
　　　　模様編みB　1模様＝15.5cm、8.5段＝10cm
{サイズ} 入れ口まわり62cm　深さ20.5cm

{編み方} 糸は1本どりで編みます。
底は糸端を輪にし、模様編みAで目を増しながら四角になるように編みます。続けて側面は、模様編みBで増減なく編みますが、側面の1段めは四辺の中央1目をとばして拾います。最終段は引き抜き編みを編みます。持ち手はくさり80目作り目し、こま編みと引き抜き編みで図のように編みます。持ち手を指定の位置に通してとじつけます。

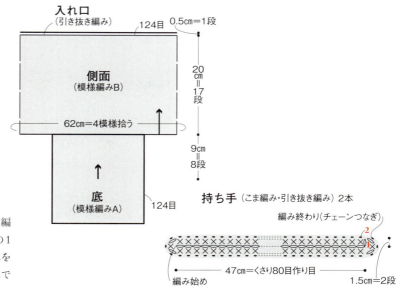

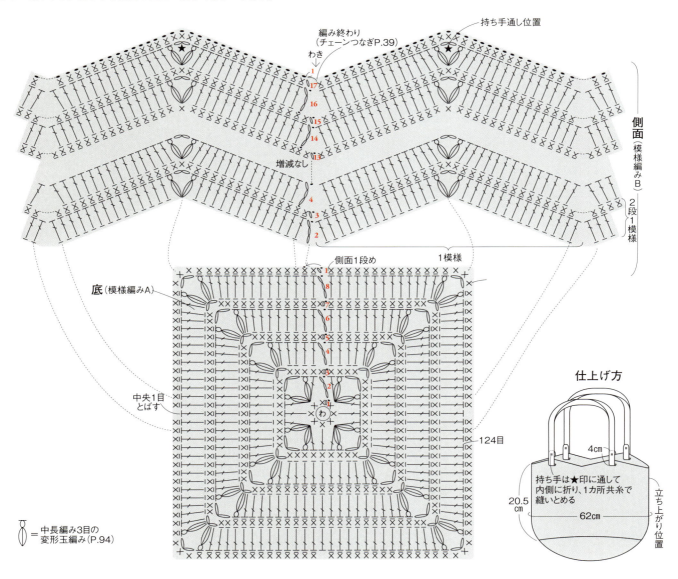

14 BAG

{photo} P.18

{用意するもの}
糸／ハマナカ エコアンダリヤ（40g玉巻）
ゴールド（170）220g
針／ハマナカアミアミ両かぎ針ラクラク7/0号
その他／直径1.8cmの綿ロープ100cm　手芸用ボンド　手縫い糸
{ゲージ}こま編み　18目20段＝10cm角
　　　　中長編み　16.5目14段＝10cm角
{サイズ}図参照

{編み方}糸は1本どりで編みます。ロープを輪につないでおきます。底はくさり50目作り目し、こま編みで往復に21段増減なく編んで糸を切ります。側面は指定の位置に糸をつけ、中長編みで増減なく輪に33段編んで糸を切ります。入れ口は指定の位置に糸をつけ、中長編みで図のように目を減らしながら往復に15段編み、糸を休めておきます。もう片方の入れ口も同様に編み、まわりにこま編みを1段編みます。続けて、入れ口7〜15段めを内側に折り、ロープをはさんで表を見ながら引き抜き編みでとじます。

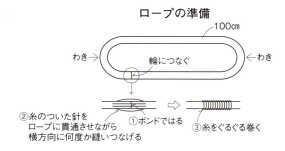

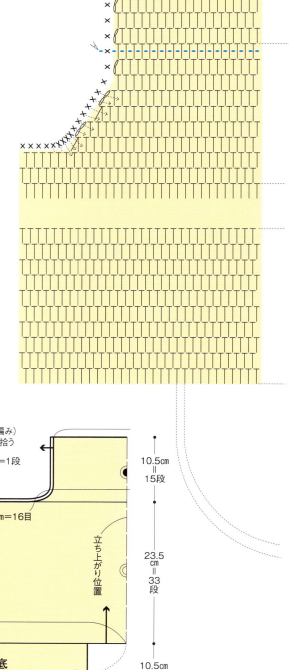

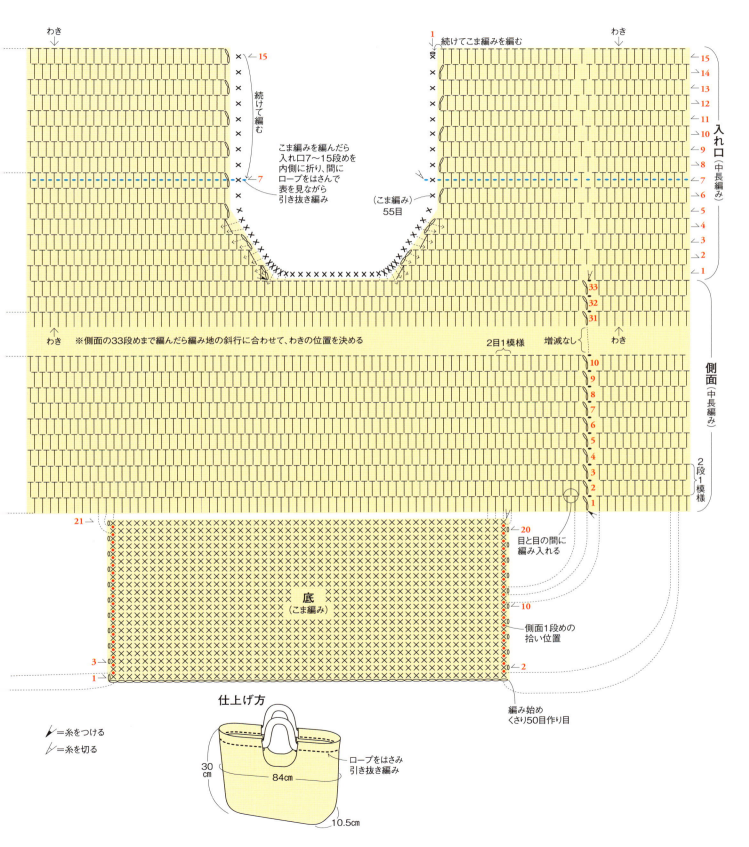

15 BAG

{photo} P.19

{ 用意するもの }
糸／ハマナカ エコアンダリヤ（40g 玉巻）
ライムイエロー（19）150g　白（1）50g
針／ハマナカアミアミ両かぎ針ラクラク6/0号
{ ゲージ } 模様編みB　3模様＝9.5cm
　　　　　　2模様（8段）＝5.5cm
{ サイズ } 図参照

{ 編み方 } 糸は1本どりで、模様編み以外はライムイエローで編みます。
底は糸端を輪にし、こま編みを8目編み入れます。2段めからは図のように増しながら14段めまで編みます。続けて模様編みA、Bで側面を編み、入れ口と持ち手をこま編みで図のように編みます。入れ口と持ち手を表側に折り返し、引き抜き編みでとめます。

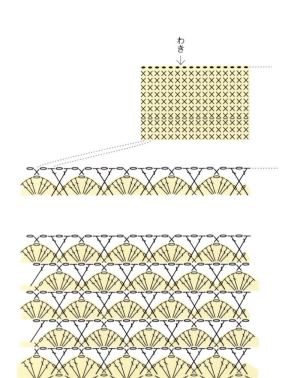

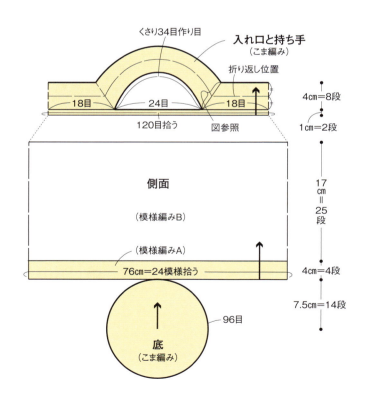

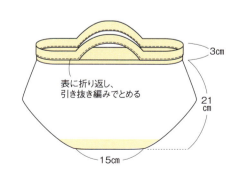

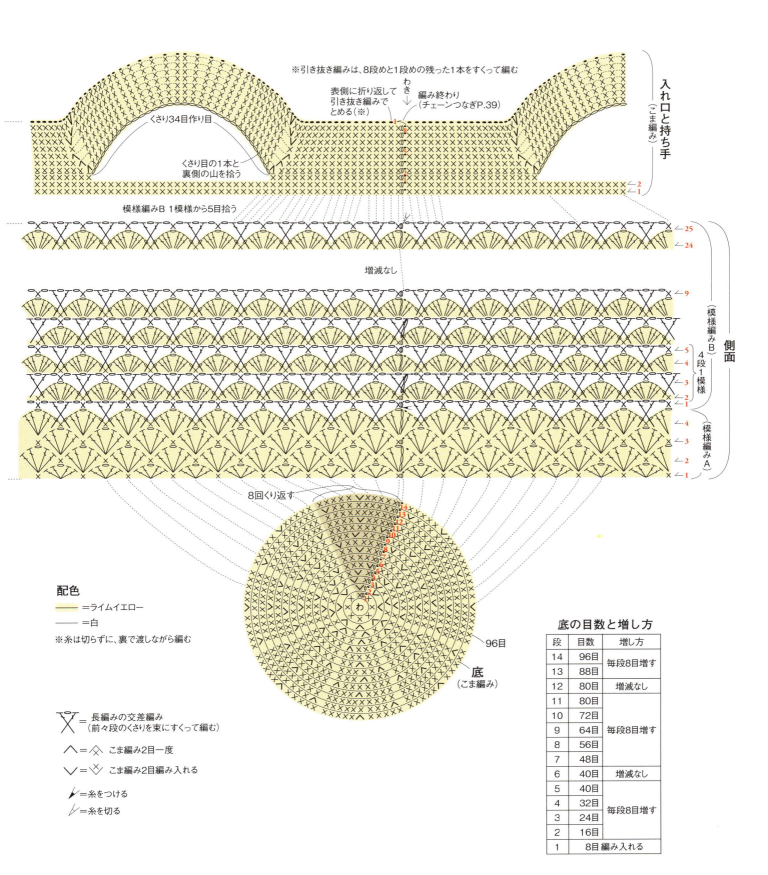

16 HAT

{photo} P.20

{ 用意するもの }
糸／ハマナカ エコアンダリヤ（40g玉巻）
ベージュ（23）140g
針／ハマナカアミアミ両かぎ針ラクラク5/0号
その他／幅3.8cmのグログランリボン 黒95cm　手縫い糸
{ ゲージ } こま編み　21目23段＝10cm角
{ サイズ } 頭まわり57cm　深さ10.5cm

{ 編み方 } 糸は1本どりで編みます。
トップは糸端を輪にし、こま編みを8目編み入れます。2段めからは立ち上がりをつけずにぐるぐると、図のように増しながらこま編みで17段編みます。18段めは引き抜き編みを編み、19段めは前段の引き抜き編みの目をすくってこま編みを編みます。増減なく22段めまで編んだら、サイドを続けて編みます。さらに続けてブリムを図のように増しながら編み、最終段は編み終わりの3目を残してチェーンつなぎにします。グログランリボンを図のように形作り、サイドに巻いてまつりつけます。

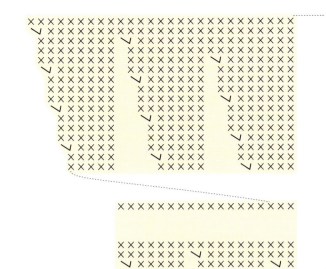

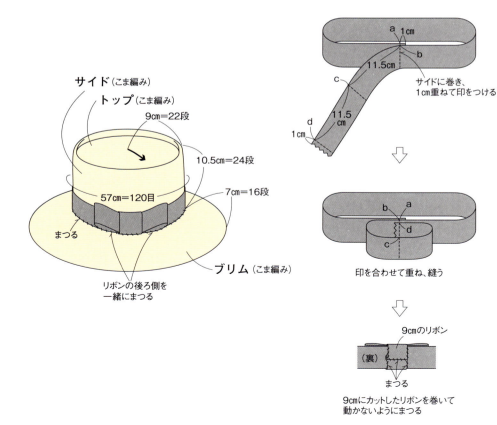

目数と増し方

	段	目数	増し方
ブリム	16	213目	3目編み残す
	15	216目	毎段8目増す
	14	208目	
	13	200目	増減なし
	12	200目	
	11	192目	毎段8目増す
	10	184目	
	9	176目	増減なし
	8	176目	
	7	168目	毎段8目増す
	6	160目	
	5	152目	増減なし
	4	152目	
	3	144目	毎段8目増す
	2	136目	
	1	128目	
サイド	3～24	120目	増減なし
	2	120目	毎段8目増す
	1	112目	
トップ	17～22	104目	増減なし
	16	104目	毎段8目増す
	15	96目	
	14	88目	増減なし
	13	88目	毎段8目増す
	12	80目	
	11	72目	増減なし
	10	72目	
	9	64目	毎段8目増す
	8	56目	
	7	48目	
	6	40目	増減なし
	5	40目	
	4	32目	毎段8目増す
	3	24目	
	2	16目	
	1	8目編み入れる	

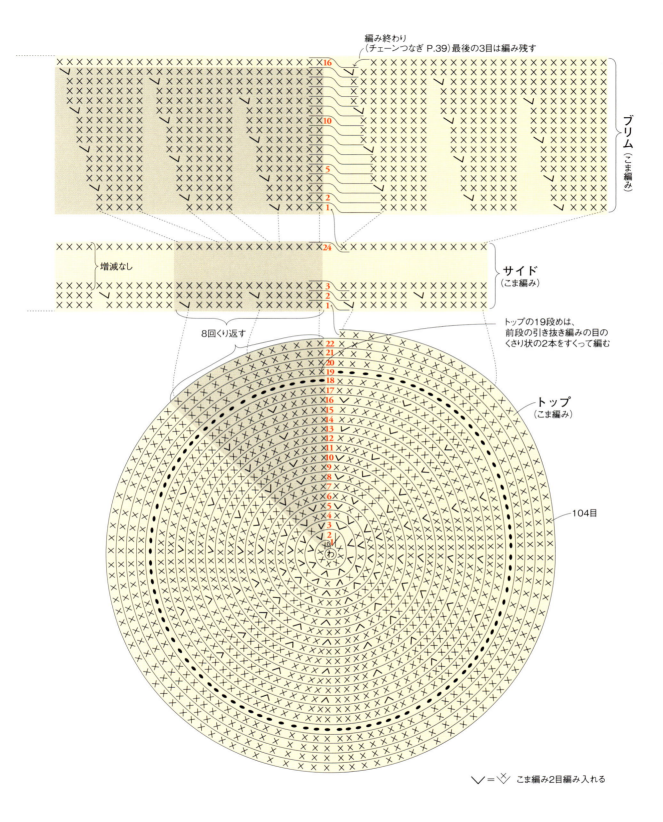

17 BAG

{photo} P.21

{用意するもの}
糸/ハマナカ エコアンダリヤ（40g玉巻）
ベージュ（23）180g
針/ハマナカアミアミ両かぎ針ラクラク5/0号
{ゲージ}模様編み　1模様＝5cm弱
　　　　　1模様（10段）＝9.5cm
{サイズ}図参照

{編み方} 糸は1本どりで編みます。
くさり97目作り目し、模様編みで本体の片側を編みます。作り目から拾い目し、反対側も同様に本体の片側を編みます。底から中表に二つ折りにし、くさりとじであき止まりまでとじて表に返します。あき口にこま編みを1段編み、入れ口から拾い目して入れ口と持ち手を編みますが、持ち手部分はくさり75目作り目し、入れ口と続けて輪に編みます。入れ口と持ち手を折り返し、すくいはぎと巻きかがりではぎ合わせます。もう一方の入れ口と持ち手も同様に編みます。

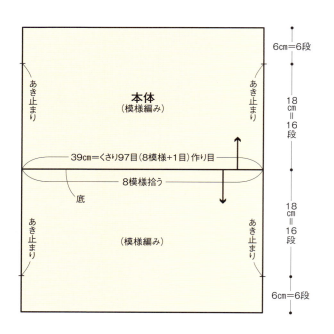

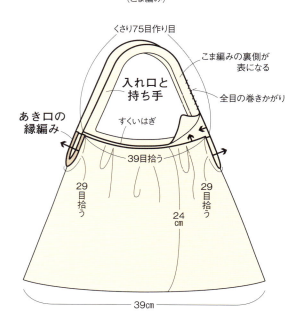

あき口の縁編み、入れ口と持ち手
（こま編み）

● 模様編み

くさりとじ
※編み地は作品と異なります

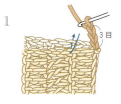

1
編み地を中表に合わせ、作り目の端の目をすくってとじ糸を引き出し、編み地1段分の長さのくさりを編み、こま編みを編む

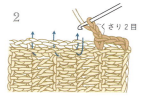

2
くさり編み、こま編みをくり返して1段ずつとじる

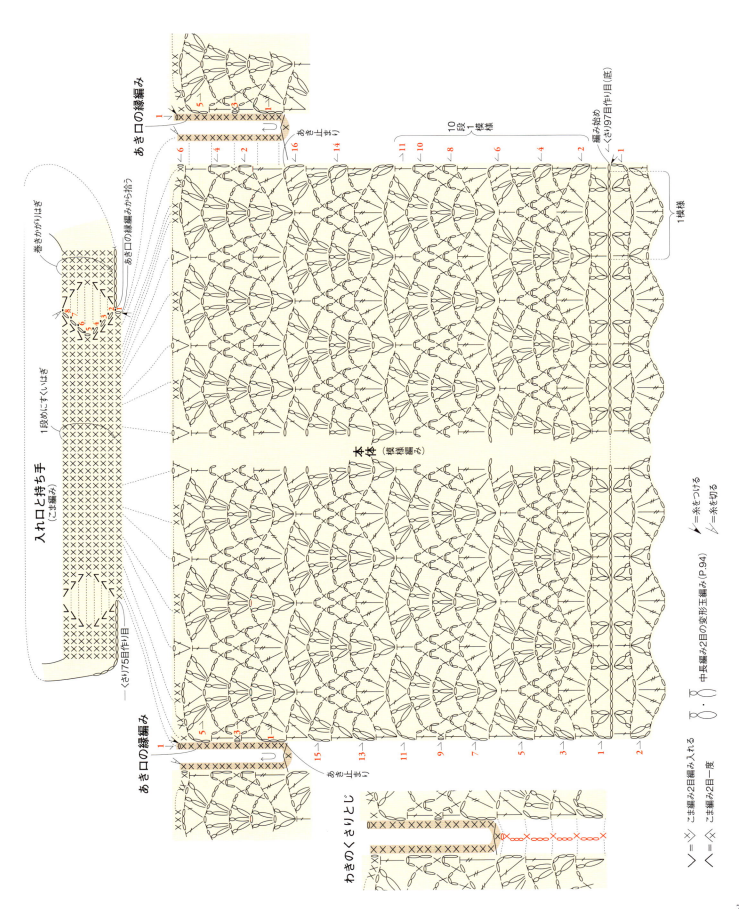

18 BAG

{photo} P.22

{用意するもの}
糸/ハマナカ エコアンダリヤ（40g玉巻）
ベージュ（23）125g 黒（30）60g
針/ハマナカアミアミ両かぎ針ラクラク7/0号
{ゲージ}こま編み 18目19段=10cm角
{サイズ}図参照

{編み方}糸は1本どりで、指定の配色で編みます。
最初に、下記の「使用糸量の目安」を参考に、黒の糸を4個、ベージュの糸を4個に小分けにします。
底は、ベージュでくさり36目作り目し、1段めは指定の位置に糸をつけて配色しながら、くさりの両側から74目拾います。2段めからは図のように増し、毎段編み方向を変えながら12段輪に編みます。続けて、側面を図のように増しながら39段編み、持ち手以外の糸を切ります。持ち手は側面から続けてこま編み8目で45段往復に編みます。合印（▲・△）を合わせて全目の巻きかがりではぎます。

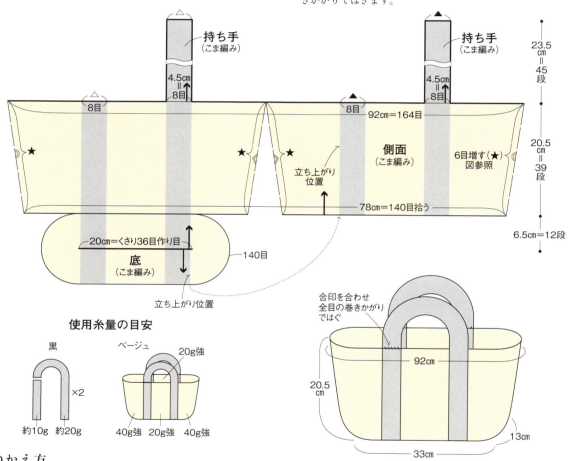

● 配色糸のかえ方

1 表側でかえる場合。色をかえる目の手前のこま編みの、最後の引き抜くときに新しい糸を針にかけて引き抜く。

2 続けてこま編みを編む。

3 裏側でかえる場合。元の糸を手前におき、1と同様に糸をかけて引き抜く。

4 編み地の裏側。たてに糸が渡る。

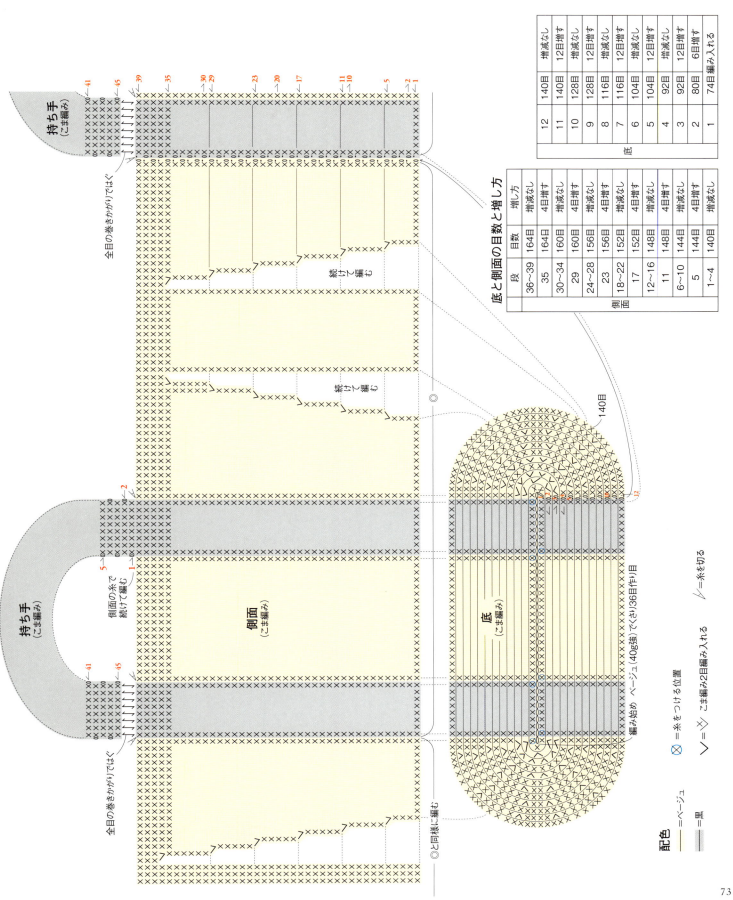

19 CLUTCH BAG

{photo} P.23

{用意するもの}
糸／ハマナカ エコアンダリヤ
(40g玉巻)ベージュ(23)100g
針／ハマナカアミアミ両かぎ針ラクラク5/0号
その他／長さ30cmのファスナー1本
　　　　内径0.9cmのナスカン2個
　　　　内径0.9cmのDカン2個　手縫い糸
{ゲージ}うね編み　17目＝9cm、14段＝10cm
　　　　模様編み　1模様＝2.4cm、7段＝10cm
{サイズ}図参照

{編み方}糸は1本どりで編みます。
本体はくさり17目作り目し、うね編みで中央部を編みます。中央部の左右からそれぞれ拾い目し、模様編みでリボンを編みます。上下(入れ口)に縁編みAを編みます。底中央から外表に二つ折りにし、2枚一緒に縁編みBを編みます。肩ひもはスレッドコードを100cm編み、ナスカンに通して二重にし、端をかがります。本体の入れ口の端の5目ずつを巻きかがりではぎますが、3目はDカンを一緒にかがります。入れ口にファスナーを手縫い糸で縫いつけます。

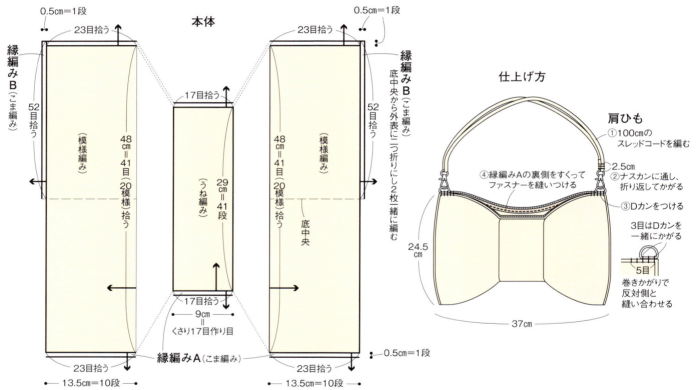

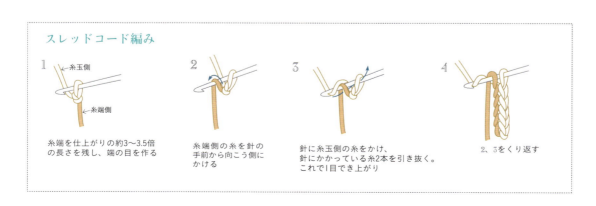

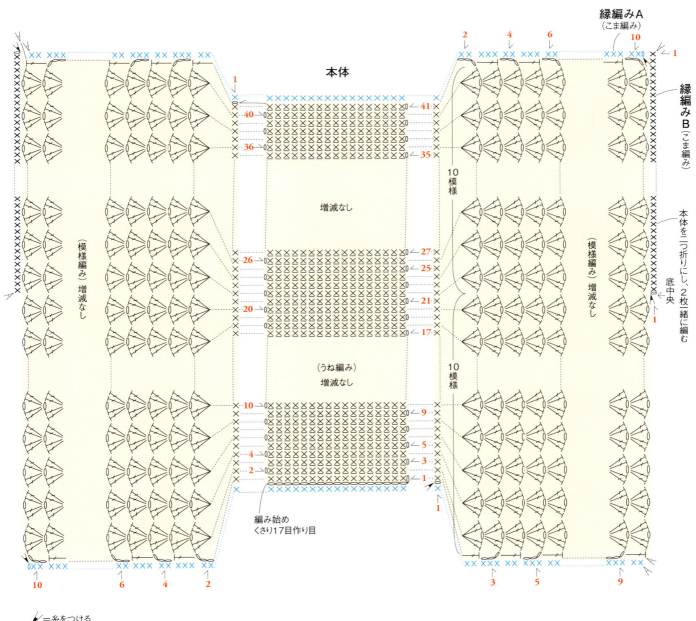

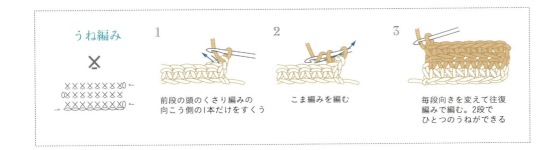

20 HAT

{photo} P.24

{ 用意するもの }
糸/ハマナカ エコアンダリヤ（40g玉巻）
A アイボリー（168）65g　ブルー（72）40g
B カーキ（159）90g　黒（30）15g
針/ハマナカアミアミ両かぎ針ラクラク5/0号
その他/テクノロート（H204-593）約380㎝
　　　熱収縮チューブ（H204-605）5㎝
　　　幅3㎝のサイズテープ約58㎝
　　　直径2㎜のワックスコード約65㎝
　　　幅2.5㎝のグログランリボン70㎝
　　　A 白とネイビーのストライプ　B 黒
　　　B のみ羽飾り
　　　手縫い糸

{ ゲージ } こま編み　18目19段＝10㎝角
{ サイズ } 頭まわり56㎝

{ 編み方 } 糸は1本どりで、指定の配色で編みます。
クラウンは糸端を輪にし、こま編みを6目編み入れます。2段めからは図のように増しながらこま編み34段、引き抜き編み1段を編みます。スチームアイロンで中折れに形成します。続けてブリムを図のように目を増しながらAは模様編み、Bは模様編みのしま模様で編みますが、指定の段にはテクノロートを編みくるみます（P.44参照）。リボンを巻いて結び、数カ所を縫いとめます。Bのみ羽飾りをつけます。

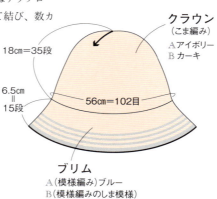

クラウン
（こま編み）
A アイボリー
B カーキ

18㎝=35段
6.5㎝=15段
56㎝=102目

ブリム
A（模様編み）ブルー
B（模様編みのしま模様）

目数と増し方

	段	目数	増し方	
ブリム	15	144目	増減なし	
	14	144目	3目増す	78.5㎝
	13	141目	増減なし	
	12	141目	3目増す	76㎝
	11	138目	増減なし	
	10	138目	6目増す	73㎝
	9	132目	増減なし	
	8	132目	6目増す	70㎝
	7	126目	増減なし	
	6	126目	3目増す	68㎝
	5	123目	3目増す	
	4	120目	6目増す	
	3	114目	増減なし	
	2	114目	毎段6目増す	
	1	108目		
クラウン	24～35	102目	増減なし	
	23	102目	6目増す	
	20～22	96目	増減なし	
	19	96目	6目増す	
	17、18	90目	増減なし	
	16	90目	6目増す	
	15	84目	増減なし	
	14	84目		
	13	78目		
	12	72目		
	11	66目		
	10	60目		
	9	54目	毎段6目増す	
	8	48目		
	7	42目		
	6	36目		
	5	30目		
	4	24目		
	3	18目		
	2	12目		
	1	6目編み入れる		

※テクノロートの寸法は前段の周囲の長さから算出しています

（テクノロートを編みくるむ（P.39/44））

リボンの作り方

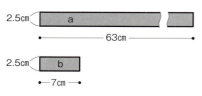

2.5㎝　a　63㎝
2.5㎝　b　7㎝

中表に縫い、縫い代を割る　→　aの縫い代をbでくるみ裏で縫う

仕上げ方

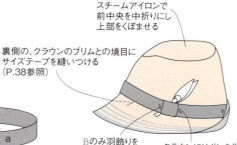

スチームアイロンで前中央を中折れにし上部をくぼませる

裏側の、クラウンのブリムとの境目にサイズテープを縫いつける（P.38参照）

Bのみ羽飾りを縫いつける

クラウンにリボンを巻き、数カ所を縫いとめる

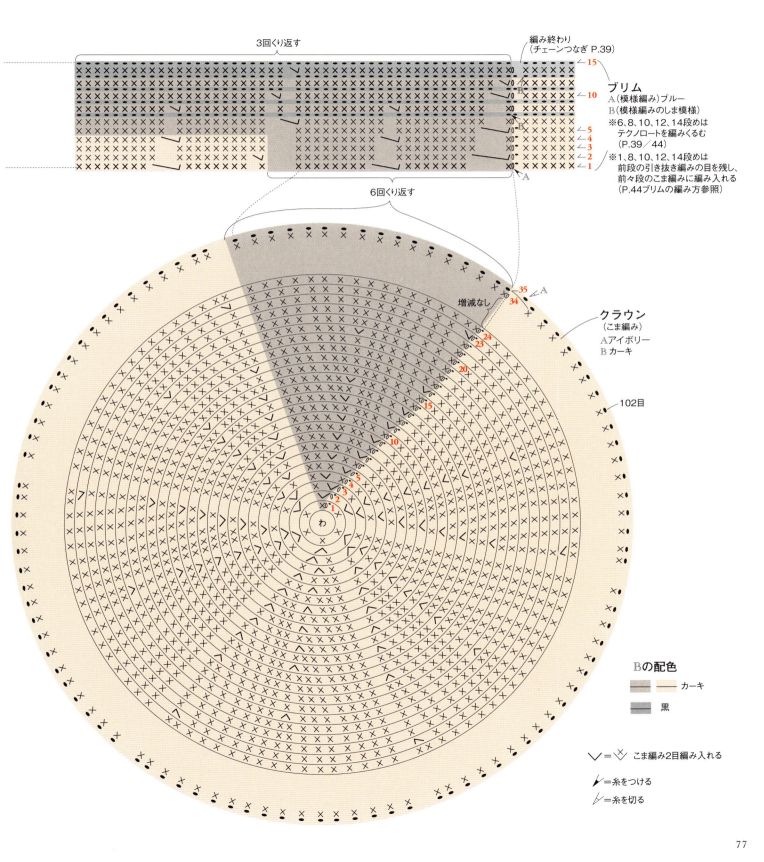

21 SUN VISOR

{photo} P.26

{用意するもの}
糸／ハマナカ エコアンダリヤ（40g玉巻）
ブラウン（159）130g
針／ハマナカアミアミ両かぎ針ラクラク5/0号
その他／テクノロート（H204-593）380cm
　　　熱収縮チューブ（H204-605）20cm
　　　幅3cmのサイズテープ約60cm
　　　幅0.6cmのゴムテープ19cm
　　　幅3cmのマジックテープ5cm　手縫い糸

{ゲージ}こま編み　18.5目＝10cm　9段＝5cm
　　　模様編み　19目17.5段＝10cm角

{サイズ}頭まわり57cm

{編み方}糸は1本どりで編みます。
サイドクラウンはくさり94目作り目し、こま編みで図のように増しながら編みますが、1、5、9段めにテクノロートを編みくるみます。続けてブリムを模様編みで図のように増減目しながら編みます。指定の位置に糸をつけ、テクノロートを編みくるみながらまわりにバックこま編みを編みます。リボンはくさり60目作り目して輪にし、こま編みのすじ編みで11段編みます。リボン中央はくさり16目作り目してこま編みで4段編みます。図のようにリボンを縫い、サイドクラウンに縫いつけます。サイドクラウンにマジックテープとゴムテープを縫いつけ、サイズテープを縫いつけます。

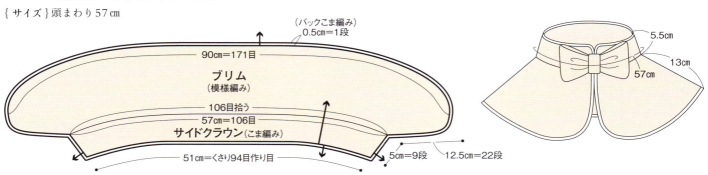

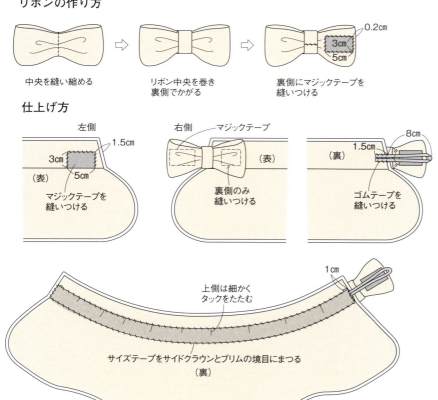

●裏側から見たところ

カーブのある形に編み上がる

●仕上げ方

帽子をくるくると巻き、ゴムでまとめると、持ち運びに便利

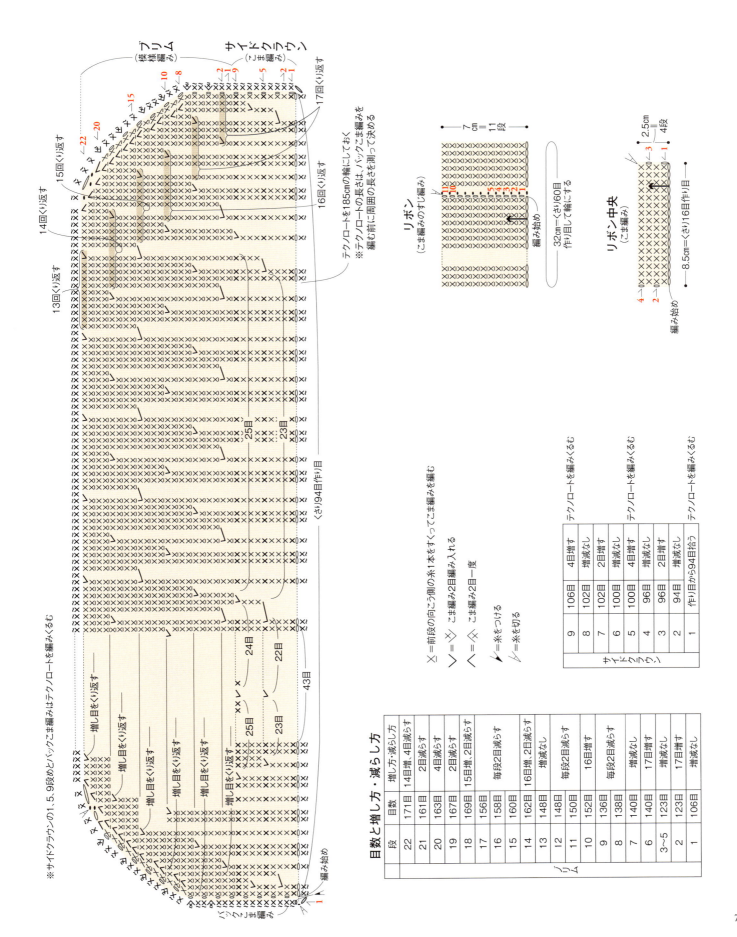

23 CLOCHE

{photo} P.28

{用意するもの}
糸／ハマナカ エコアンダリヤ（40g玉巻）
サンドベージュ（169）90g
針／ハマナカアミアミ両かぎ針ラクラク5/0号
{ゲージ}こま編み　18目21段＝10cm角
{サイズ}頭まわり55.5cm　深さ17.5cm

{編み方}糸は1本どりで編みます。
糸端を輪にし、こま編みを8目編み入れます。2段めからは図のように増しながらクラウンをこま編みで編みます。続けてブリムも増しながらこま編みで編みます。

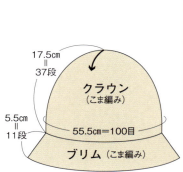

目数と増し方

	段	目数	増し方
ブリム	10・11	160目	増減なし
	9	160目	20目増す
	8	140目	増減なし
	7	140目	10目増す
	6	130目	増減なし
	5	130目	10目増す
	4	120目	増減なし
	3	120目	10目増す
	2	110目	増減なし
	1	110目	10目増す
クラウン	24〜37	100目	増減なし
	23	100目	10目増す
	18〜22	90目	増減なし
	17	90目	10目増す
	14〜16	80目	増減なし
	13	80目	16目増す
	11・12	64目	増減なし
	10	64目	16目増す
	8・9	48目	増減なし
	7	48目	16目増す
	5・6	32目	増減なし
	4	32目	16目増す
	3	16目	増減なし
	2	16目	8目増す
	1	8目編み入れる	

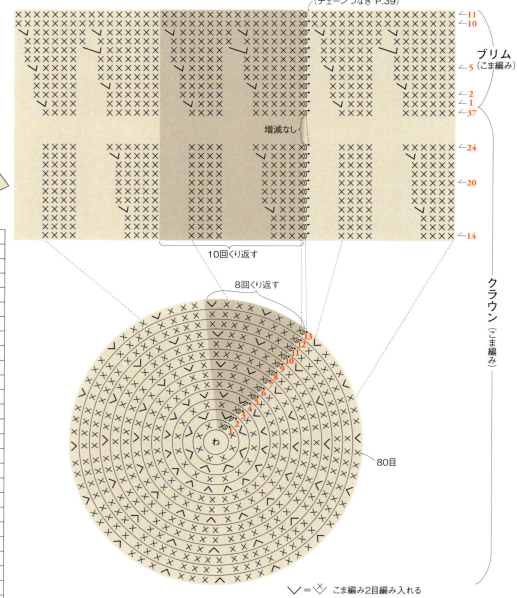

∨ = ⩗　こま編み2目編み入れる

25 HAT

{photo} P.30

{用意するもの}
糸／ハマナカ エコアンダリヤ（40g玉巻）ネイビー（57）120g
針／ハマナカアミアミ両かぎ針ラクラク5/0号
{ゲージ} こま編み　21目20段＝10cm角
　　　　　模様編み　5模様＝9.5cm　5段＝5.5cm
{サイズ} 頭まわり57cm

{編み方} 糸は1本どりで編みます。
トップは糸端を輪にし、こま編みを16目編み入れます。2段めからは立ち上がりをつけずにぐるぐると図のように編みます。続けてサイドを模様編みで5段編みます。さらに続けてブリムをこま編みで図のように増しながら編みます。

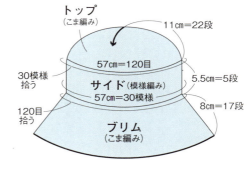

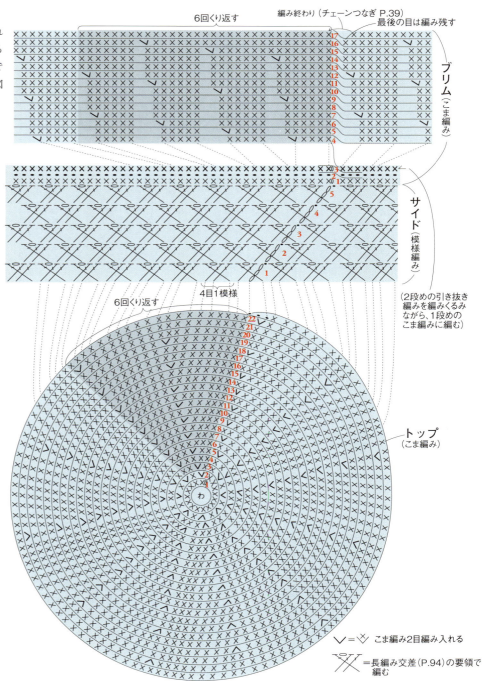

目数と増し方

	段	目数	増し方
ブリム	17	185目	1目編み残す
	16	186目	毎段6目増す
	15	180目	
	14	174目	
	13	168目	増減なし
	12	168目	
	11	162目	毎段6目増す
	10	156目	
	9	150目	
	8	144目	増減なし
	7	144目	
	6	138目	毎段6目増す
	5	132目	
	4	126目	
	1〜3	120目	増減なし
サイド	1〜5	30模様	
トップ	22	120目	増減なし
	21	120目	6目増す
	20	114目	増減なし
	19	114目	6目増す
	18	108目	増減なし
	17	108目	毎段6目増す
	16	102目	
	15	96目	増減なし
	14	96目	毎段6目増す
	13	90目	
	12	84目	
	11	78目	
	10	72目	
	9	66目	
	8	60目	
	7	54目	
	6	48目	
	5	42目	
	4	36目	
	3	30目	
	2	24目	8目増す
	1	16目編み入れる	

24 BAG

{photo} P.29

{ 用意するもの }
糸／ハマナカ エコアンダリヤ（40g玉巻）
ブルーグリーン（63）50g　ローズピンク（54）35g
サンドベージュ（169）30g　アイボリー（168）25g
黒（30）10g
針／ハマナカアミアミ両かぎ針ラクラク6/0号
{ ゲージ } こま編み　18目17段＝10cm角
{ サイズ } 幅23cm　深さ20cm　まち10cm

{ 編み方 } 糸は1本どりで、指定の配色で編みます。
側面はくさり41目作り目し、こま編みで図のように配色しながら86段編みます。側面から目を拾い、まちをこま編みで編みます。合印（○・◎・▲・■）を合わせてすくいとじします。持ち手はくさり56目作り目し、こま編みと引き抜き編みで図のように増しながら2本編みます。側面に持ち手をまつりつけます。

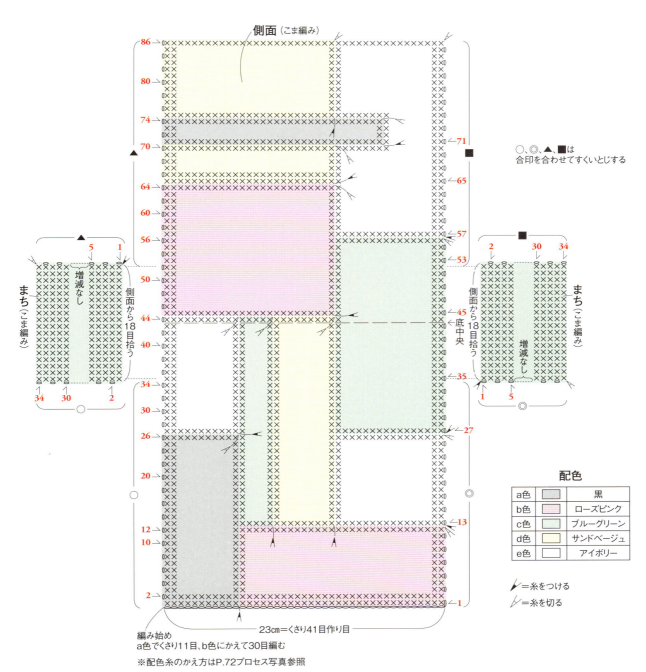

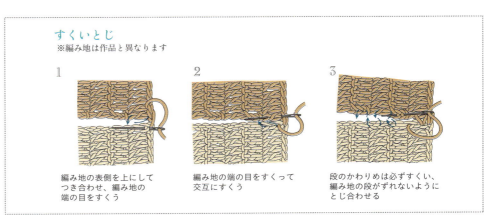

26 BAG

{photo} P.31

{用意するもの}
糸／ハマナカ エコアンダリヤ（40g玉巻）
ネイビー（57）100 g　ライムイエロー（19）、白（1）各 40 g
針／ハマナカアミアミ両かぎ針ラクラク5/0号
その他／ハマナカ レザー底（大）こげ茶
　　　　（直径 20 cm／H204-616）1 枚
{ゲージ} 模様編み　25.5目 28段＝10cm角
{サイズ} 図参照

{編み方} 糸は1本どりで、指定の配色で編みます。
レザー底の穴にこま編みを166目編み入れます。側面は模様編みで、毎段編み方向を変えながら輪に56段編みます。持ち手はくさり8目作り目し、増減なく71段編みます。同じものをもう1本編み、両端を残して巻きかがり、指定の位置に縫いつけます。

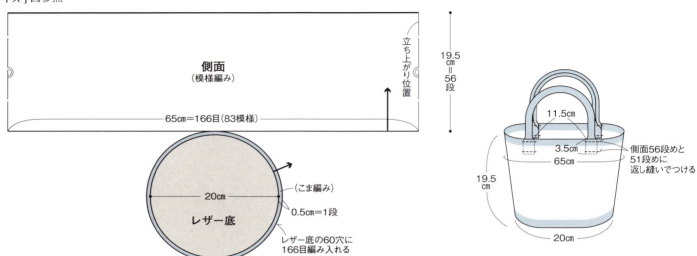

●模様編みの編み方

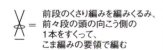
= 前段のくさり編みを編みくるみ、前々段の頭の向こう側の1本をすくって、こま編みの要領で編む

表側

裏側

●配色糸のつけ方ととめ方

偶数段（表を見て編む段）の編み始め

指定の位置（前々段の頭の向こう側1本をすくった位置）から糸を引き出す。続けて編み図通りに編む。

偶数段の編み終わり

最後の目まで編んだら、輪を大きく引き出して休める。一度針を外し、1目めの裏側から針を入れて休めた目を引き出し、その中に糸玉を通してとめる。糸は切らずに裏で渡す。

奇数段（裏を見て編む段）の編み始め

まず、編み地が表の状態で指定の位置に針を入れて糸を引き出し、くさり1目を編む。

編み地を裏に返してこま編みを編む。続けて編み図通りに編む。

奇数段の編み終わり

「偶数段の編み終わり」と同様にして、1目めの裏側から針を入れて目を引き出し、その中に糸玉を通してとめる。糸は切らずに裏で渡す。

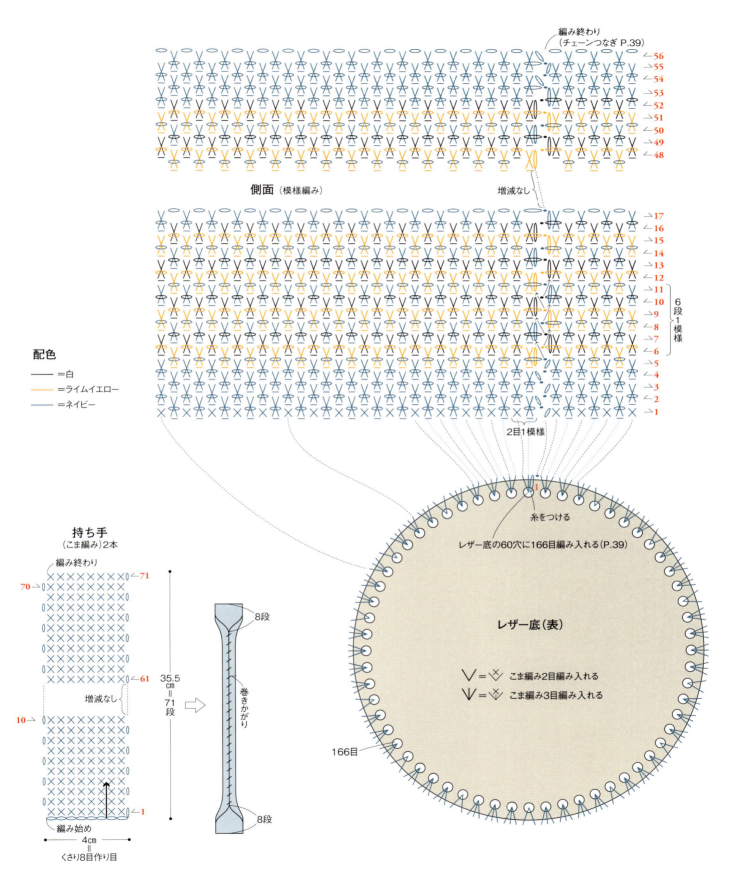

27 HAT

{photo} P.32

{ 用意するもの }

糸／ハマナカ エコアンダリヤ（40g玉巻）ベージュ（23）115g
針／ハマナカアミアミ両かぎ針ラクラク5/0号
その他／テクノロート（H204-593）約105cm
　　　　熱収縮チューブ（H204-605）5cm
　　　　幅3cmのサイズテープ約58cm
　　　　直径2mmのワックスコード約65cm
　　　　幅1.4cmのタフタリボン（紺）120cmを2本　手縫い糸

{ ゲージ } こま編み　18目20段＝10cm角
{ サイズ } 頭まわり56cm　深さ15.5cm

{ 編み方 } 糸は1本どりで編みます。
クラウンは糸端を輪にし、こま編みを6目編み入れます。2段めからは図のように増しながらこま編みで編みます。クラウンが編めたら一度スチームアイロンで整えます。ブリムを図のように目を増しながら模様編みで往復に編みます。続けて縁編みを編みますが、縁編みの2段めではテクノロートを編みくるみます。リボンを巻いて結び、数カ所を縫いとめます。

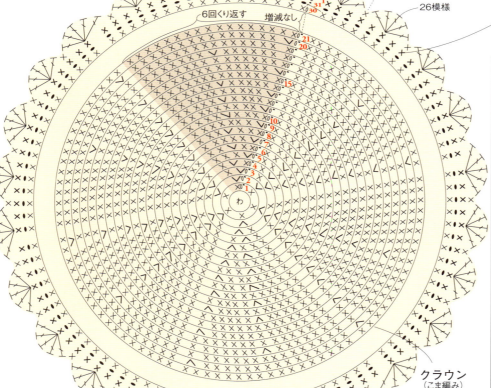

目数と増し方

	段	目数	増し方
縁編み	3	208目	増減なし
	2	208目	増減なし
	1	208目	増減なし
ブリム	2〜8	26模様	記号図参照
	1	104目	2目増す
クラウン	21〜31	102目	増減なし
	20	102目	6目増す
	19	96目	増減なし
	18	96目	6目増す
	17	90目	増減なし
	16	90目	6目増す
	15	84目	増減なし
	14	84目	
	13	78目	
	12	72目	
	11	66目	
	10	60目	
	9	54目	
	8	48目	毎段6目増す
	7	42目	
	6	36目	
	5	30目	
	4	24目	
	3	18目	
	2	12目	
	1	6目編み入れる	

∨ ＝ こま編み2目編み入れる
∨∨ ＝ こま編み3目編み入れる
∧ ＝ こま編み3目一度

29 BAG

{photo} P.34

{用意するもの}
糸／ハマナカ エコアンダリヤ（40g玉巻）
ダークオレンジ（69）220g
針／ハマナカアミアミ両かぎ針ラクラク5/0号
その他／幅2.3cm、長さ38cmの革持ち手（こげ茶）1組
　　　　穴糸
{ゲージ}模様編み　1模様＝7.5cm、1模様（8段）＝9cm
{サイズ}図参照

{編み方}糸は1本どりで編みます。
本体はくさり62目作り目し、こま編みで図のように増しながら6段編みます。続けて模様編みで側面を編みます。入れ口は側面から続けてこま編みを3段編みます。持ち手は穴糸2本どりで、返し縫いでつけます。

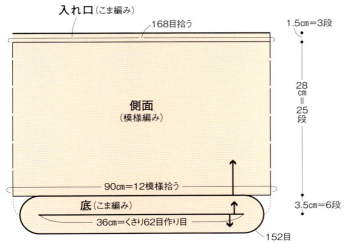

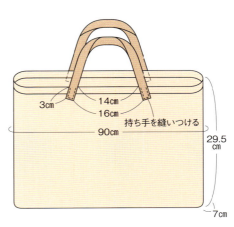

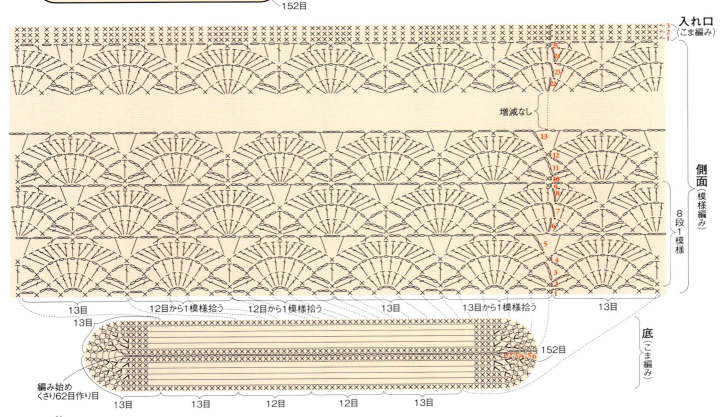

28 BAG

{photo} P.33

{用意するもの}
糸／ハマナカ エコアンダリヤ（40g玉巻）
ベージュ（23）180g
針／ハマナカアミアミ両かぎ針ラクラク5/0号
その他／横幅の内径16cmの竹ハンドル1組
{ゲージ} 模様編み　2模様＝8.5cm、1模様（4段）＝6.5cm
{サイズ} 図参照

{編み方} 糸は1本どりで編みます。
くさり73目作り目し、作り目の両側から拾い目して模様編みで輪に14段編みます。前後に分けてあき止まりから上を4段往復に編み、持ち手つけ部分をこま編みと長編みで編みます。持ち手をくるみ、かがります。

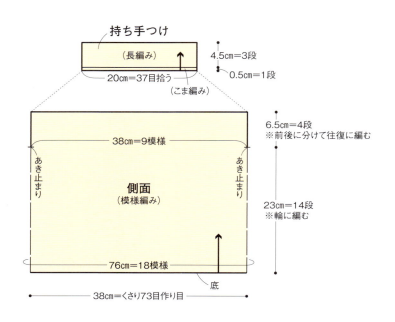

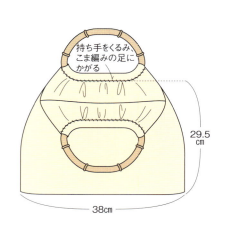

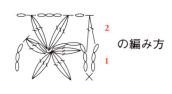

の編み方

1段め

①こま編み1目
くさり5目を編む

②長編み3目の玉編みを
3目一度に編む

③くさり2目で立ち上がり、
②の目に長編み3目の
玉編みを編み、さらに
くさり3目を編む。
①〜③をくり返す

2段め

④前段のくさりのループを
束にすくって長編み
2目一度に編む

⑤くさり1目編み、②の目に
長編み3目の玉編みを編む

⑥くさり3目編み、②の目に
長編み3目の玉編みを編み、
さらにくさり1目を編む。
④〜⑥をくり返す

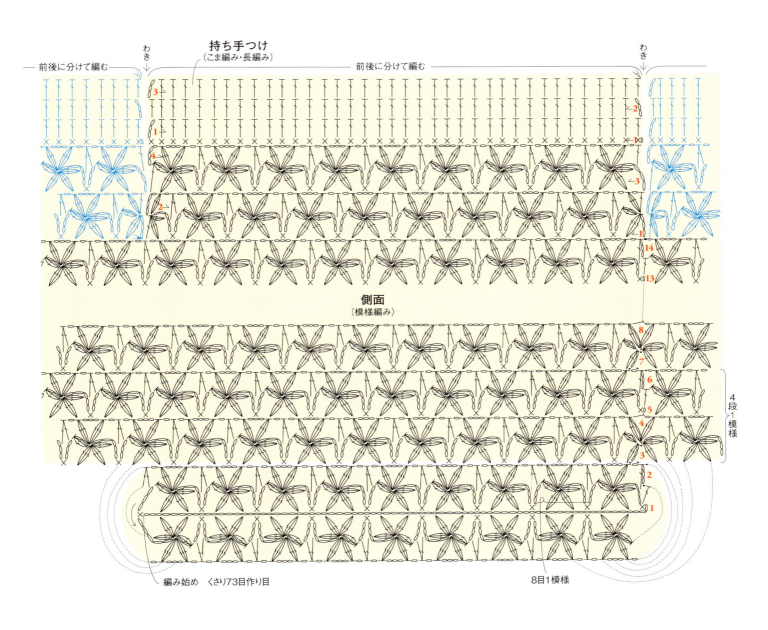

30 BAG

{photo} P.35

{用意するもの}
糸／ハマナカ エコアンダリヤ（40g玉巻）
ストロー（42）240g
針／ハマナカアミアミ両かぎ針ラクラク5/0号
その他／ハマナカ レザー角底 ベージュ（15×30cm／H204-617-1）1枚
{ゲージ}模様編み　18.5目20段＝10cm角
　　　　こま編み　60目＝31cm、20段＝10cm
{サイズ}図参照

{編み方}糸は1本どりで編みます。
レザー底の穴にこま編みを180目編み入れます。側面は模様編みとこま編みで輪に45段編みますが、こま編みの両端で目を増しながら編みます。持ち手はくさり60目作り目し、こま編みと引き抜き編みで図のように1段編み、2段めは引き抜き編みします。同じものをもう1本編み、指定の位置に持ち手をとじつけます。模様編みの端2目をエコアンダリヤ1本どりで巻きかがります。

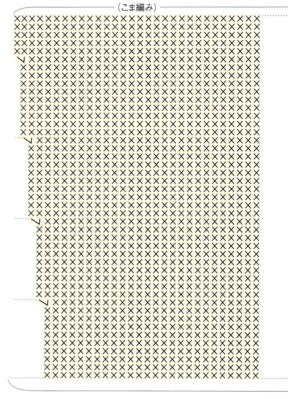

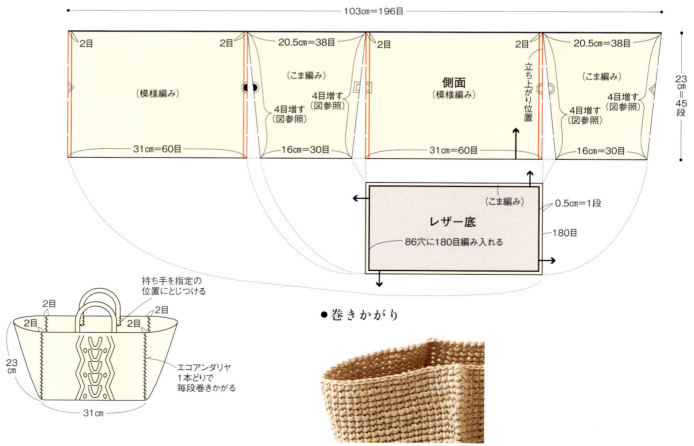

●巻きかがり

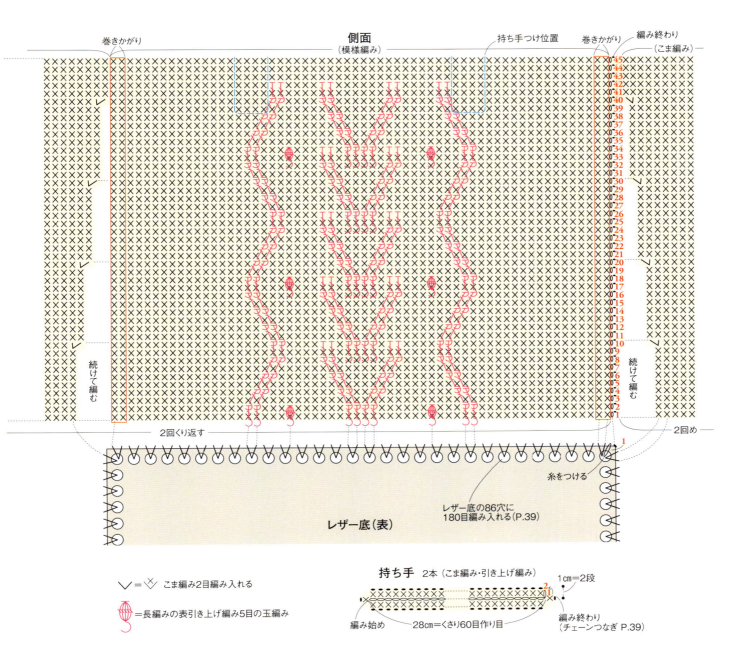

●長編み表引き上げ編み5目の玉編みの編み方

1 針に糸をかけ、矢印のように前々段のこま編みの足に針を入れ、糸をかけて引き出す。

2 さらに針に糸をかけて、針にかかった2つのループを引き出す(未完成の長編み)。

3 針に糸をかけ、1と同じところに針を入れて糸をかけて引き出し、未完成の長編みを5目編む。

4 5目編んだところ。針に糸をかけ、針にかかったループを一度に引き抜く。

かぎ針編みの基礎

{ 編み目記号 }

くさり編み

1	2	3	4	5
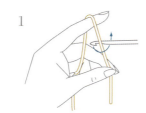		 糸端を引いて輪を引き締める		

こま編み
×

1　 立ち上がりのくさり編み1目
くさり編み1目で立ち上がり、作り目の1目めをすくう

2　
針に糸をかけ、矢印のように引き出す

3　
針に糸をかけ、針にかかっているループを一度に引き抜く

4　
1目でき上がり。こま編みは立ち上がりのくさり編みを1目に数えない

5　
1〜3をくり返す

6　

中長編み
T

1　 立ち上がりのくさり編み2目
くさり編み2目で立ち上がる。針に糸をかけ、作り目の2目めをすくう

2　
針に糸をかけ、矢印のようにくさり編み2目分の高さまで引き出す。この状態が「未完成の中長編み」

3　
針に糸をかけ、針にかかっているループを一度に引き抜く

4　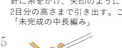
1目でき上がり。立ち上がりのくさり編みを1目に数える

5　
1〜3をくり返す

6　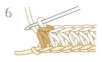

長編み

1　 立ち上がりのくさり編み3目
くさり編み3目で立ち上がる。針に糸をかけ、作り目の2目めをすくう

2　
針に糸をかけ、矢印のように1段の高さの半分くらいまで引き出す。

3　
針に糸をかけ、1段の高さまで引き出す。この状態が「未完成の長編み」

4　
針に糸をかけ、針にかかっているループを一度に引き抜く

5　
1目でき上がり。立ち上がりのくさり編みを1目に数える

6　
1〜4をくり返す

引き抜き編み

1　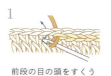
前段の目の頭をすくう

2　
針に糸をかけ、一度に引き抜く

3　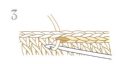
1、2をくり返し、編み目がつれない程度にゆるめに編む

長々編み

1. くさり編み4目で立ち上がる。針に糸を2回かけ、作り目の2目めをすくう
立ち上がりのくさり編み4目

2. 針に糸をかけ、矢印のように1段の高さの1/3くらいまで引き出す

3. 針に糸をかけ、2つのループを引き抜く

4. 針に糸をかけ、2つのループを引き抜く

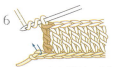
5. 針に糸をかけて残りの2つのループを引き抜く

6. 1～5をくり返す。立ち上がりのくさり編みを1目に数える

こま編み2目編み入れる

1. こま編みを1目編み、同じ目にもう一度編む

2. 1目増える

中長編み2目編み入れる

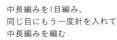
中長編みを1目編み、同じ目にもう一度針を入れて中長編みを編む

長編み2目編み入れる

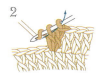
1. 長編みを1目編み、同じ目にもう一度針を入れる

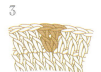
2. 目の高さをそろえて長編みを編む

3. 1目増える

※編み入れる目数が増えても、同じ要領で編む

こま編み3目編み入れる

「こま編み2目編み入れる」の要領で同じ目に3回針を入れてこま編みを編む

こま編み2目一度

1. 1目めの糸を引き出し、続けて次の目から糸を引き出す

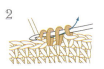
2. 針に糸をかけ、針にかかっているすべてのループを一度に引き抜く

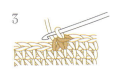
3. こま編み2目が1目になる

ⅤとⅤⅤの区別

根元がついている場合	根元が離れている場合
前段の1目に針を入れる	前段のくさり編みのループを束にすくう

長編み2目一度

1. 長編みの途中まで編み、次の目に針を入れて糸を引き出す

2. 長編みの途中まで編む

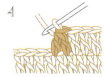
3. 2目の高さをそろえ、一度に引き抜く

4. 長編み2目が1目になる

中長編み2目一度

※「長編み2目一度」の要領で中長編みを2目一度に編む

こま編みのすじ編み

1. 前段のこま編みの頭の向こう側の1本だけをすくう

2. こま編みを編む

3. 前段の目の手前側の1本の糸が残ってすじができる

長編みのすじ編み

前段の長編みの頭の向こう側の1本だけをすくう。

※中長編みの場合、同じ要領で中長編みを編む

バックこま編み

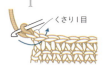
1. 針を手前側からまわして矢印のようにすくう（くさり1目）

2. 針に糸をかけて矢印のように引き出す

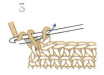
3. 針に糸をかけ、2つのループを引き抜く

4. 1～3をくり返し、左側から右側へ編み進む

5.

長編み3目の玉編み

※2目の場合も、同じ要領で編む

1. 未完成の長編みを3目編む（図は1目め）

2. 針に糸をかけ、一度に引き抜く

3.

中長編み3目の変形玉編み

1. 未完成の中長編みを3目編み、矢印のように引き抜く

2. 針に糸をかけ、2本のループを一度に引き抜く

3.

中長編み2目の変形玉編み

※「中長編み3目の変形玉編み」と同じ要領で中長編みを2目編む

長編み交差

1. 1目先の目に長編みを編み、針に糸をかけて手前側の目に針を入れる

2. 針に糸をかけて引き出し、長編みを編む

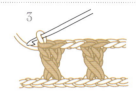
3. 先に編んだ目をあとから編んだ目で編みくるむ

こま編み表引き上げ編み

1. 矢印のように針を入れ、前段の足をすくう

2. 針に糸をかけ、こま編みより長めに糸を引き出す

3.

4. こま編みと同じ要領で編む

5.

長編み表引き上げ編み

1. 針に糸をかけ、前段の足を矢印のように表側からすくう

2. 針に糸をかけ、長めに糸を引き出す

3. 長編みと同じ要領で編む

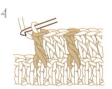
4. でき上がり

長編み裏引き上げ編み

針に糸をかけ、前段の目の柱を矢印のようにすくって長編みを編む

{ 編み始め }

・くさり編みの作り目に編みつける方法
（くさり目の半目と裏側の山をすくう方法）

  （くさり目の裏側の山だけすくう方法）

くさり目の向こう側の糸と裏側の山の糸の2本をすくう

作り目のくさりがきれいに出る

・糸端を輪にする作り目（1回巻き）

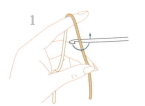 

3 針に糸をかけ、矢印のように糸を引き出す

4 立ち上がりのくさり編みを編む

5 輪の中に編み入れる

7 糸端の糸も一緒に編みくるむ

8 きつく引く　必要目数を編み入れ、糸端を引き締める。1目めに矢印のように針を入れる

9 針に糸をかけ、引き抜く

{ 色のかえ方 }（輪編みの場合）

色をかえる手前の目の最後の糸を引き抜くときに、新しい糸にかえて編む

{ 糸の渡し方 }

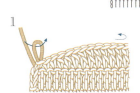 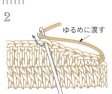

1 目を大きく広げ、編み糸を通す。編み地を裏返す

2 ゆるめに渡す　次の段を編む

{ とじ／はぎ }

巻きかがり（全目）　　巻きかがり（半目）

編み地を外表に合わせ、こま編みの頭2本を1目ずつすくっていく

編み地を外表に合わせ、内側の半目ずつをすくって引き締める

すくいはぎ

1 編み地の表側を上にしてつき合わせ、端の目の糸に針を入れて糸を引き出す

2 向こう側の編み目の頭の下をすくって糸を引き締める

3 手前と向こう側を1目ずつ交互にすくう。はぎ糸は一針ごとに引き締める

作品デザイン

青木恵理子　稲葉ゆみ　宇野千尋　金子祥子
河合真弓　城戸珠美　野口智子　橋本真由子
深瀬智美　Knitting.RayRay　MICOTO
Little Lion

staff

ブックデザイン …… 後藤美奈子
撮影 ………………… 清水奈緒（カバー、P.1-36）
　　　　　　　　　　 中辻 渉（P.37-91）
スタイリング ……… 鍵山奈美
ヘア＆メイク ……… 下永田亮樹
モデル ……………… Tehhi
トレース …………… 沼本康代（P.40-91）
　　　　　　　　　　 大楽里美　白くま工房
編集 ………………… 永谷千絵（リトルバード）
編集デスク ………… 朝日新聞出版　生活・文化編集部（森 香織）

衣装協力

●エイチ・プロダクト・デイリーウエア
TEL. 03-6427-8867
P.3、13のパンツ／P.4、16、25、26のパンツ／P.18、P.28のワンピース
P.26のTシャツ（ハンズオブクリエイション）

●エムティー・ルーツ
TEL. 092-533-3226
COVERのシャツとスカート／P.4、16、24、25のシャツ／
P.32のワンピース（ヴェルテクール）

●クラスカ ギャラリー＆ショップ ドー 本店
TEL. 03-3719-8124
P.15、20、35のコート／P.15、35のTシャツ／P.20のワンピース／
P.34のコート、Tシャツ（HAU）

●KMDファーム
TEL. 03-5458-1791
P.3、13のブラウス／P.6、7、22のワンピース／
P.9、10、11のワンピース／P.15、35のショーツ（ネセアア）

プロップ協力

AWABEES
TITLES

糸、材料

ハマナカ株式会社
〒616-8585 京都市右京区花園薮ノ下町2番地の3
TEL. 075-463-5151（代表）
http://www.hamanaka.co.jp
info@hamanaka.co.jp

印刷物のため、作品の色は実物とは多少異なる場合があります。

＊この本の編み方についてのお問い合わせは、下記へお願いします。
リトルバード　TEL. 03-5309-2260
受付時間／13:00〜16:00（土日・祝日はお休みです）

大人のための、
スタイリッシュデザイン30

エコアンダリヤの
帽子＆かごバッグ

編　著　朝日新聞出版
発行人　今田 俊
発行所　朝日新聞出版
　　　　〒104-8011 東京都中央区築地5-3-2
　　　　Tel. (03) 5541-8996（編集）　(03) 5540-7793（販売）
印刷所　図書印刷株式会社

©2019 Asahi Shimbun Publications Inc.
Published in Japan by Asahi Shimbun Publications Inc.
ISBN 978-4-02-333261-4

定価はカバーに表示してあります。
落丁・乱丁の場合は弊社業務部（電話03-5540-7800）へご連絡ください。
送料弊社負担にてお取り替えいたします。

本書および本書の付属物を無断で複写、複製（コピー）、引用することは
著作権法上での例外を除き禁じられています。また代行業者等の第三者に依頼して
スキャンやデジタル化することは、たとえ個人や家庭内の利用であっても一切認められておりません。